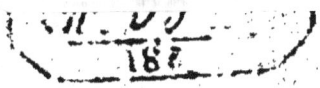
T. FALLOT

UNE

Noble Entreprise

———

L'UNION INTERNATIONALE
DES AMIES DE LA JEUNE FILLE

VALENCE

IMPRIMERIE A. TYPOGRAPHIQUE A. DUCROS

41, Rue du Tunnel, 41

—

1902

UNE NOBLE ENTREPRISE

T. FALLOT

UNE

Noble Entreprise

L'UNION INTERNATIONALE
DES AMIES DE LA JEUNE FILLE

VALENCE

TYPOGRAPHIE & LITHOGRAPHIE A. DUCROS

41, Rue du Tunnel, 41

1902

A MA MÈRE

Permets moi, ma mère, de te dédier ce modeste ouvrage.

Le souci des humbles a rempli ta vie. Il t'a suivie jusque dans ta verte vieillesse. C'est ce même souci qui a inspiré ces pages.

T. FALLOT.

AVANT-PROPOS

Le 4 octobre 1864, j'étais mourant à l'hôpital de X. en Saxe, où je faisais un apprentissage industriel. L'immoralité qui y régnait et le mépris de la femme qui s'y étalait sans vergogne m'avaient bouleversé. Jamais je n'avais vu pareille chose dans ma terre natale des Vosges.

L'émotion que je ressentis, se combinant avec des fatigues de toute nature, détermina la maladie qui faillit m'emporter. Lorsque mes forces me revinrent, je me promis que partout et toujours je prendrais en main la cause de la jeune fille sans défense. Je me suis efforcé durant toute ma carrière de demeurer fidèle à la parole que je m'étais donnée, et quand il a fallu, je n'ai pas hésité à descendre pour cela dans la boue des grandes villes.

Je mets aujourd'hui ma plume au service d'une œuvre très utile, mais très humble, qui ne servira jamais de tremplin aux politiciens en quête de popularité. Si dans le domaine de la politique quotidienne je pouvais encore éprouver quelque étonnement, ce serait lorsque je constate le parfait dédain avec lequel on y considère l'honneur de la femme du peuple. Cette question ne compte pas pour la plupart des champions des revendications populaires, et tant qu'il en sera ainsi je ne pourrai croire à la sincérité des sentiments qu'ils affichent.

C'est aux femmes de tête et de cœur que j'adresse ces pages. Dans une démocratie tumultueuse comme la nôtre, aussi riche en appétits que pauvre en principes, la femme devient naturellement la gardienne attitrée de l'idéal. Les causes saintes dont le triomphe importe à l'avenir des sociétés humaines, reposent entre ses mains.

Celles que de longs siècles de préjugés avaient rendues muettes, commencent enfin à élever la voix, et les justes s'en réjouissent. Une fois qu'elles sauront tout ce qu'on a intérêt à leur cacher, et qu'elles se décideront à parler haut et ferme, bien des choses changeront. La loi qui interdit la *recherche de la paternité,* la traite des blanches et les institutions fangeuses qu'elle étaye, disparaitront balayées par l'indignation des honnêtes gens, et l'on prendra, enfin, au sérieux la lutte contre la corruption systématique de la jeunesse par l'image et par le journal. La femme qui travaille et pour laquelle nos mœurs et nos lois sont sans pitié, sera désormais entourée d'égards et de respect.

Les pages qui suivent sont particulièrement destinées aux femmes protestantes. La femme protestante se fait une haute idée de sa mission. Elle estime que sa place est au foyer. Dieu me garde de l'en détourner, j'aimerais, au contraire, l'aider à s'y établir solidement en lui faisant envisager dans toute son étendue l'œuvre qui lui est échue.

N'oublions pas toutefois qu'il y a foyer et foyer. Il y a le *foyer fermé* où l'égoïsme familial s'épanouit dans toute sa laideur. Beaucoup de choses vont mal parmi nous protestants, parce que ces foyers qui étaient jadis l'exception commencent à devenir la règle. Il y a aussi le *foyer ouvert*.

Lorsque le foyer est ouvert, la femme ne néglige pas ses nobles fonctions. Les siens font l'objet de sa constante sollicitude, mais cette sollicitude est d'autant plus éclairée qu'elle s'étend au-delà du seuil de la maison. Renseignée sur ce qui se passe dans la société qui l'entoure, la femme devient la véritable compagne de son mari et l'excite aux entreprises généreuses. Mère, elle prévoit les dangers qui assailliront ses fils, et elle élève ceux-ci en conséquence.

J'ai rencontré sur mon chemin la femme au

cœur sec et frivole et elle m'a dit de son ton suffi-
sant qu'elle croyait sans réplique : « Qu'ai-je donc
« à faire de m'occuper d'ouvrières ou de ser-
« vantes ? En quoi me regardent-elles ? J'ai mon
« mari et mes enfants ; n'est-ce pas assez ? » —
Vous avez un fils, Madame ? — Sans doute, un
charmant enfant. — Que Dieu le garde, Madame !
— De quoi je vous prie ? — Des suites de votre
égoïsme. — J'avoue que je ne comprends pas. —
La vie se chargera de vous expliquer tout cela. —
Tout cela... mais quoi donc ? — Le lien que Dieu
a établi, Madame, entre chacune de ses créatures,
et ce qu'il en coûte de le méconnaitre. — Un
lien ! quel lien ? — Si votre fils tourne mal — il
y a beaucoup de chances pour cela — et qu'une
des jeunes filles que vous auriez pu sauver, mais
que vous aurez laissé perdre, soit l'occasion de
sa chûte, vous comprendrez peut-être qu'il y a
une loi sainte, que cette loi s'appelle la loi de la
solidarité, et qu'elle accable les existences qui
prétendent l'ignorer.

Prenez garde, Madame, prenez bien garde de
ne pas être punie dans les vôtres pour n'avoir pas
songé aux autres. —

. . . .

Et tandis que j'écris ces lignes, j'évoque, oh ma
mère, ton austère et chère figure dont le rayonnement a enveloppé mon enfance. La femme du

foyer : nulle ne le fut plus que toi ! Jamais tu ne sortais de ton foyer ; tu en étais l'âme ; tu en étais l'inspiratrice. Nous, tes enfants, nous savions de reste que la première place dans ton cœur nous appartenait, mais tu nous avais enseigné qu'à notre foyer la place d'honneur appartenait de droit aux autres, à ceux qui venaient y dire leurs besoins, y pleurer leurs souffrances ou tout simplement y chercher un peu de sympathie. Et si l'on nous eût demandé ce que nous appelions avec tant de fierté : *la maison,* nous eussions répondu : *nous et les autres.*

Telle était la puissance de cette quotidienne leçon de chose que dès les jours de ma plus tendre jeunesse et tout égoïste que je fusse, j'ai regardé *la vie pour les autres* comme la seule qu'il valût la peine de vivre ici-bas.

Bénie sois-tu, ma mère, à cause de cela.

T. FALLOT.

Aouste (Drôme), 23 juin 1902.

UNE

NOBLE ENTREPRISE

I

LES ORIGINES DE L'ŒUVRE

L'Union Internationale des Amies de la Jeune Fille a été fondée à Genève le 21 septembre 1877, lors du premier Congrès de la *Fédération Britannique et Continentale.*

On sait que la Fédération Britannique et Continentale, qui a échangé dernièrement ce nom contre celui de *Fédération abolitionniste,* a eu le courage d'envisager la déplorable condition que font à la femme tombée nos mœurs et nos lois.

La Fédération a fourni au mouvement féministe quelques uns de ses avocats les plus convaincus. Le *Féminisme* est, en somme, la question sociale considérée au point de vue de la femme et de la place que celle-ci réclame.

L'œuvre que je vais décrire tient donc par ses origines à cet ensemble de revendications populaires qu'on désigne sous le nom de *Socialisme*. Ce mot est mal choisi, car il donne lieu à de fréquents malentendus. J'en use néanmoins parce que je n'en sais pas de meilleur. Au reste la confusion des idées qui a donné naissance au mot est la fidèle image de la confusion qui règne dans les faits.

Le Socialisme ressemble à un fleuve puissant qui, à la suite d'une crue subite, entraîne dans ses flots troublés les objets les plus disparates.

Au sens exact du mot, le socialiste est un homme impatient de progrès qui n'attend rien de l'initiative individuelle et qui réclame à cor et à cri l'intervention de l'Etat. Mais la foule qui raisonne avec son cœur plutôt qu'avec sa tête acclame comme socialistes tous les hommes que mécontente l'état de choses actuel et qui souhaitent plus de justice et plus d'humanité. Avant de devenir un système économique le Socialisme constitue un état d'âme, et c'est là ce qui fait sa puissance. Etat d'âme fort incohérent, au reste, et qui abonde en contradictions. J'ai vécu sept ans dans l'intimité de

ce monde en fusion d'où jailliront les catas-
trophes prochaines. J'y ai assisté à des scènes
répugnantes d'égoïsme, j'y ai été témoin d'actes merveilleux de dévouement. J'y ai senti
battre des cœurs consumés par la soif de la
justice, j'en ai rencontré d'autres dans lesquels les appétits soufflaient en tempête. J'y
ai serré la main à des héros, j'y ai coudoyé
des scélérats.

C'est, en effet, par les chemins les plus
divers qu'on s'en va au Socialisme. J'ai vu
des hommes et surtout des femmes y aboutir
dans un immense élan de pitié. Pour aller
au peuple ces nobles créatures n'avaient pas
reculé devant les plus douloureux sacrifices,
et tandis que je m'attardais à les admirer,
j'allais me heurter à des politiciens sans vergogne qui exploitent les souffrances du pauvre
et qui ne négligent rien pour les accroître.

Que de fois me suis-je demandé la significa-
tion de cette mêlée où s'entrechoquent le
meilleur et le pire. Seraient-ce les convulsions
d'un monde qui finit ou les douleurs libéra-
trices d'un monde qui émerge à la vie ?

Un jugement terrible menace à coup sûr
notre société qui se dit chrétienne, mais que
dix-huit siècles de christianisme n'ont pas
·réussi à arracher au paganisme, à ses pré-

jugés et à ses vices. Je doute fort que le Socialisme révolutionnaire puisse jamais rien fon-
der de durable ; je suis convaincu, par contre,
qu'il fera bien des ruines. Qu'est-il en somme,
sinon l'exécuteur des hautes œuvres de la
justice divine sur les nations et sur les églises
devenues infidèles à leur mission ?

Quoi qu'il en soit, il importe de ne jamais
perdre de vue le caractère tumultueux et con-
tradictoire du Socialisme, dès qu'on souhaite
d'apprécier avec équité les diverses entreprises qu'il a inspirées.

Pour caractériser avec fidélité le mouvement
féministe, il me suffirait de répéter mot pour
mot ce que je viens de dire du Socialisme.
Rejeton de celui-ci, le Féminisme en reproduit
les traits essentiels. Le terme lui-même est
fâcheux. J'ignore qui l'a forgé : à coup sûr un
homme ou une femme dont le cerveau était
fort étroit. En effet, à mesure que l'état social
s'élève, l'homme ne réussit pas à réaliser sa
destinée sans le secours de la femme, et celle-
ci, à son tour, réclame la collaboration de
l'homme. Lors donc que l'on souhaite de
modifier la condition de la femme, on agit
non seulement dans son intérêt particulier
mais tout autant dans celui de l'homme. Une
femme accoutumée aux mœurs et aux pen-

sées de l'esclavage n'est ni la compagne, ni la mère qui convient à des hommes libres.

Le terme de Féminisme semble, au contraire, affirmer que l'homme est naturellement l'adversaire de la femme, et qu'entre les droits de celle-ci et les droits de celui-là l'antagonisme est permanent. Et vraiment on finirait par admettre la justesse de cette thèse, si l'on s'avisait de prendre au sérieux les discours échevelés qui se débitent dans bien des réunions féministes. Mais aussi quelle confusion dans les revendications qu'on y fait valoir ! Tandis que certaines femmes ne réclament d'autre droit que celui d'accomplir, dans toute son ampleur, le devoir qui leur incombe, et d'être armées afin de pouvoir s'acquitter de leurs fonctions d'épouses et de mères, j'en ai connu qui veulent être libres de faire ce que bon leur semble, et dont la principale préoccupation est d'esquiver les charges de la maternité.

J'estime donc que pour prévenir de fâcheux malentendus il vaut mieux rayer du vocabulaire usuel les termes de Féminisme et de féministes ; j'estime surtout qu'il importe de ne pas confondre dans une même admiration ni dans une même réprobation les nombreux efforts, de nature très diverse, tentés en

faveur de la femme. Parmi ceux-ci les uns sont
dignes de tout éloge, les autres, très sujets à
caution.

De toutes les femmes qui se sont jamais
levées pour défendre la cause de leurs sœurs,
Joséphine Butler est sans contredit une des
plus héroïques.

Je n'oublierai jamais l'impression qu'elle
produisit sur moi la première fois que je la
rencontrai. Elle était jeune alors, elle était
belle, son attitude avait je ne sais quoi de
royal, et dès qu'elle commençait à parler, les
âmes se mettaient à vibrer.

En 1869, son attention avait été dirigée sur
le sort que préparait aux femmes tombées
une loi que venait de voter le Parlement
anglais. Cette loi rendait à peu près impossible le relèvement de ces malheureuses créatures ; elle les condamnait de fait aux travaux
forcés de l'infamie à perpétuité. Ajoutons que
les partisans de cette innovation légale avaient
réussi à la faire passer à la sourdine ; plusieurs
membres du Parlement se figuraient même
que les réglements qu'ils avaient adoptés
concernaient les maladies du bétail ! Jamais
mesure plus grave n'avait été prise avec une
plus coupable désinvolture. Soudain un cri
de protestation retentit, Madame Butler avait

compris, et ayant compris, il lui était devenu
impossible de se taire. Heureuse et honorée,
elle se jeta corps et âme dans la mêlée, et
pénétra toute vibrante de sympathie pour les
victimes et toute frémissante d'indignation
contre les tortionnaires dans ces bas-fonds du
vice, de la misère et du désespoir, dont il avait
été de bon ton jusque là d'ignorer l'existence.

De cette exploration dans la cité des détresses inexprimables, elle rapporta la conviction
que la femme tombée n'est pas seulement la
coupable qu'on croit, mais qu'elle est aussi
une victime, la victime par excellence de notre
état social.

Et c'est ainsi que nouvelle Déborah, Madame Butler provoqua en faveur de l'humanité violentée et outragée dans les plus misérables de ses membres une croisade qui gagna
tous les pays de l'Europe. Presque tous, en
effet, avaient adopté au cours du XIXᵉ siècle
l'institution corruptrice.

D'Angleterre la lutte passa sur le continent.
Elle s'engagea à Paris avec une extrême
vivacité. On n'a pas oublié la part qu'y prit
le Conseil municipal. La campagne se pour-
suivit en Belgique où elle révéla des abomi-
nations, en Hollande, en Suisse, en Allemagne,
en Italie.

On peut s'étonner que l'union de tant de
bonnes volontés se soit faite sur une question
aussi spéciale et aussi répugnante. A vrai
dire, pour provoquer l'éveil des consciences
il faut souvent que le mal se manifeste sous
sa forme la plus excessive. Et puis tout se
touche ici-bas, et dès qu'on s'attaque à une
misère humaine, on est irrésistiblement amené
à s'occuper de beaucoup d'autres: Joséphine
Butler et ses collaborateurs ne tardèrent pas
à comprendre que pour aider utilement au
relèvement de la femme tombée il fallait
remonter à la cause du mal; mais où chercher
cette cause sinon dans la condition déplorable
faite à la femme dès qu'elle est condamnée à
gagner sa vie ?

L'armée du vice se recrute partout, surtout
dans les milieux ouvriers. A la ville le sort
de l'ouvrière isolée, je songe avant tout à
l'innombrable armée des ouvrières à l'aiguille,
défie l'imagination. Il faut avoir vu ces cho-
ses-là de ses yeux pour y croire. A Paris, en
particulier, trois routes s'ouvrent devant la
malheureuse : celle qui de la misère aboutit
à l'hôpital ; celle qui mène au vice ; celle enfin
qui conduit au suicide.

Si quelque femme riche lit ces lignes, elle
criera à l'exagération. Le bonheur rend

égoïste ; l'ignorance est le lot des égoïstes ; et j'ai rencontré sur ma route des honnêtes gens qui, à force d'ignorer la souffrance de leurs semblables, étaient devenus bien cruels.

Ce n'est pas un des moindres résultats de la croisade dont je parle, d'avoir opéré de la cataracte tant de femmes qui perdaient leurs vies dans les corvées de la mondanité. Elles disaient : « Vraiment, je ne sais que faire » ; et elles côtoyaient les pires détresses les yeux fermés. Le jour où elles les ont ouverts, elles ont compris que la vie telle que Dieu la veut, ne saurait être une partie de plaisir... et résolument elles se sont mises à l'œuvre.

La condition de l'ouvrière isolée est misérable ; souvent la femme de l'ouvrier n'est pas mieux partagée. Le mari boit ce qu'il gagne, la femme a beau se tuer à la tâche, une législation inique ne lui accorde pas même la libre disposition de son salaire (1). Dussent les petits enfants pleurer de faim, le mari a le droit d'arracher à sa femme le gain de la semaine pour en faire ce qu'il lui plaît.

_____

(1) Je n'ignore pas que la *Caisse d'Épargne postale* remédie en quelque façon à cette monstruosité légale, mais cette institution réparatrice est encore peu connue et peu utilisée par les femmes auxquelles elle rendrait précisément le plus de services.

On ne saurait trop le répéter : dès qu'il s'agit de la constitution du foyer, la loi est infidèle à son rôle. Au lieu de protéger la créature faible contre les entreprises du fort, elle arme le bourreau contre la victime. Dans une société où sévit l'alcoolisme, on ne dira pas que ces mots de bourreaux et de victimes soient hors de saison. J'ai travaillé douze ans dans les faubourgs de Paris, j'ai fréquenté les impasses, je me suis assis dans les mansardes, je ne parle pas par ouï-dire.

La misère matérielle et la misère morale marchent en général de pair. Il y a toutefois une catégorie de femmes qui sont suffisamment rémunérées et dont le sort est néanmoins digne de pitié. Ce sont les domestiques. Au point de vue du gain elles sont privilégiées car elles participent au bien être de leurs maîtres, mais elles payent bien cher cet avantage.

La condition morale de la servante, dans nos grandes villes, tout au moins, est la pire de toutes. La preuve n'est pas difficile à faire ; ce sont, en effet, les domestiques, bonnes, femmes de chambre, cuisinières qui fournissent le plus fort contingent au personnel de la débauche. Dans une statistique dressée par la police d'une de nos villes de France, je

trouve inscrites sur le rôle d'infamie à côté
de 105 couturières et de 7 institutrices ou
gouvernantes, pas moins de 516 servantes.

Victime aussi bien que coupable, disais-je
plus haut, en parlant de la femme tombée. Il
me semble que cette conclusion s'impose dès
qu'on prend la peine de peser les faits que je
viens d'indiquer. Oui vraiment, la créature
la plus coupable demeure une victime, la
victime du désordre juridique, social et moral
auquel il nous plait de nous résigner.

Et c'est précisément à cette conviction que
sont arrivés des hommes et des femmes ve-
nus de tous les coins de l'horizon, chrétiens
et libres penseurs, conservateurs et socialistes, appartenant en outre aux professions
les plus diverses : médecins, avocats, écri-
vains, administrateurs, pédagogues, ecclésias-
tiques, etc. Après avoir compris la grandeur
du mal ils se sont mis à l'œuvre, de telle
sorte que le mouvement inauguré dans la
boue de nos grandes villes a peu à peu produit
ses effets salutaires dans toutes les sphères de
l'existence.

La loi de la division du travail est une des
plus fécondes qui régissent l'effort humain.
Quiconque veut faire le bien le peut, mais à
la condition de prendre conscience du don

particulier qui lui est confié, et de ne pas gaspiller ses forces dans des tâches pour lesquelles il n'est pas qualifié. Tous, en effet, ne sont pas appelés aux mêmes labeurs. On commettrait, par exemple, une regrettable erreur si l'on s'avisait d'enrégimenter tumultueusement toutes les collaborations en vue de la lutte très délicate et très spéciale dont Madame Butler a été l'initiatrice. Je me défie des levées en masse qu'on a tentées dans certaines villes, et j'estime que les expéditions périlleuses exigent des troupes d'élite. Il est des questions à la solution desquelles ne peuvent ni ne doivent coopérer directement les jeunes filles et les jeunes femmes. Les entreprises accessibles à toutes les bonnes volontés ne font certes pas défaut, et la campagne conduite par Madame Butler en a précisément déterminé une véritable floraison. Parmi les plus importantes je note les œuvres destinées à prévenir le mal : œuvres de protection des servantes, œuvres de patronage destinées à toutes les jeunes filles des classes laborieuses, etc. J'y reviendrai plus loin (1).

---

(1) Dans les pages qui précèdent j'ai dit assez haut, pour ne prêter à aucun malentendu, l'admiration que m'inspire la personne de Madame Butler. Je vénère en elle la femme

Cet immense effort de pitié et de justice en faveur des femmes qui peinent et qui souffrent devrait suffire pour attirer, à la croisade dont je viens de raconter l'origine, la sympathie des honnêtes gens. Et pourtant ce résultat me semble peu de chose lorsque je

---

qui a fait entendre à notre génération les accents depuis longtemps oubliés de la prophétesse chrétienne. On ne se méprendra donc pas sur la nature de mes sentiments si j'ajoute que de sérieuses divergences de méthode m'ont depuis de longues années séparé de Madame Butler et de ses amis.

Je n'ai pu me plier à la longue à certaines alliances contre nature dont la pratique m'avait révélé le danger.

J'ai regretté également le tapage provoqué autour de diverses questions. Il m'a semblé parfois qu'en agitant violemment l'opinion et qu'en s'adressant fiévreusement à la foule, on faisait plus de mal que de bien. La pudeur est la moralité dans sa fleur. Il ne faudrait pas la confondre avec la pruderie, et en attaquant celle-ci blesser celle-là.

Au reste, les méthodes qui réussissent en Angleterre (peut-être même en Suisse) ne se recommandent ni en France, ni en Allemagne. Des milieux différents exigent des procédés différents.

Dieu me garde de nier la grande œuvre accomplie par la *Fédération abolitionniste*. Elle a sonné avec vigueur le tocsin de la conscience publique; elle a fait honte aux chrétiens de leur égoïsme et de leur lâcheté; elle a forcé les honnêtes gens à s'occuper de choses qu'ils trouvaient plus commode d'ignorer. Je ne sais si cette Association sera en état de faire aboutir elle-même les réformes nécessaires, ou si elle devra en laisser le soin à d'autres; de toutes façons les services qu'elle a rendus sont incontestables et inappréciables.

le compare à la révolution inaugurée dans le monde des idées.

Dix-huit siècles de christianisme n'avaient pas réussi à déraciner les préjugés païens qui régissent les relations des sexes. Dans les églises et dans les temples on prêchait l'égalité de l'homme et de la femme devant la loi morale; mais il était bien entendu qu'on ne tenait aucun compte de cette prédication. On exigeait la pureté chez la femme; chez l'homme on l'estimait ridicule, non seulement ridicule mais impossible. La nécessité du vice passait pour le plus indiscutable des axiomes, et chaque année des milliers ·de jeunes gens tombaient lourdement, pauvres victimes du préjugé homicide.

« Que voulez-vous, c'est ainsi! » disaient les médecins qui acceptaient d'un cœur léger les pires responsabilités. « Que voulez-vous, c'est ainsi! » affirmaient les officiers pour se consoler de voir leurs hommes s'abrutir. « Que voulez-vous, c'est ainsi! » répétaient gravement les administrateurs, tandis qu'ils organisaient à la gloire du mensonge meurtrier une des plus monstrueuses institutions qui ait jamais déshonoré l'humanité. « Que voulez-vous, c'est ainsi! » clamait la légion des badauds qui n'ont jamais le courage de consulter leur raison et d'écouter leur conscience. « Eh bien! puisque cela est ainsi, répondait le chœur des débauchés, qu'on ne nous fasse plus de morale lorsque nous lâchons la bride à la bête! »

Pauvres démocraties que les nôtres! Elles se vantaient d'avoir aboli les privilèges de la féodalité, et elles laissaient se rétablir à la sourdine le plus odieux de tous, le privilège des hommes de proie et de joie!

Ce qui étonnait le plus en tout ceci c'était l'attitude des honnêtes femmes. Elles n'avaient vraiment pas l'air de soupçonner que ces choses là pouvaient les concerner. Les unes alléguaient leur pudeur pour s'obstiner dans la plus dangereuse des ignorances; les autres répétaient servilement, tristes têtes de linotte, la leçon dégradante que les hommes leur avaient enseignée, sans se douter qu'en souscrivant à l'ignominie de l'homme, c'était leur propre dignité dont elles faisaient le sacrifice. L'homme esclave ne tolère à ses côtés qu'une femme asservie, et dès que la femme déchoit, la mère n'est plus à la hauteur de sa tâche.

Et le jour où l'enfant faisait à son tour ce qu'il avait sans cesse entendu prôner autour de lui, la mère versait des larmes de sang, mais c'était trop tard.

Grâces à Dieu qui ne cesse d'avoir pitié de
son humanité en détresse! Le misérable état
de choses que je viens de dépeindre et que
tous les hommes de mon âge ont connu, est
désormais condamné, irrémédiablement condamné. Peu importe que rien en apparence
ne soit encore changé. La cognée est mise à
la racine, et l'arbre maudit finira par tomber.

L'iniquité repose d'aplomb sur le mensonge. Ruinez le mensonge, faites éclater la
vérité, et l'édifice tout entier ne tardera pas à
s'écrouler. *L'Oncle Tom* de Madame Beecher-
Stowe en démasquant l'esclavage des noirs
l'a tué. Joséphine Butler, en mettant à nu les
conséquences détestables du préjugé qui fait
du vice une nécessité, a déchaîné une révolution morale et sociale dont on pourra re-
tarder la marche mais dont on n'empêchera
pas le triomphe.

Je n'ai pas seulement en vue, lorsque je
parle ainsi, le sort réservé à une poignée de
malheureuses créatures, ni la destinée dou-
loureuse de tant d'honnêtes femmes, ni même
la situation faite à la femme en général. La
question qui se pose désormais concerne la
condition de l'homme aussi bien que celle de
la femme, l'avenir de la société humaine tout
entière. Qu'on le veuille ou qu'on ne s'en

soucie pas, il faut compter maintenant avec
l'unité de la loi morale; on aura beau faire
elle deviendra peu à peu la pierre angulaire
de l'édifice social, elle sera pratiquée au foyer,
enseignée à l'école, confirmée par la législation et par les institutions. L'homme appre-
nant à respecter la femme ne pourra faire autrement que de se respecter lui-même, et l'humanité aura franchi une étape décisive du côté
de cette entière possession d'elle-même dans
laquelle se réalisera sa glorieuse destinée.

« *Ce que vous faites au plus petit de mes
frères,* disait le maitre à ses disciples, *vous
me le faites à moi-même.* » Cette parole s'est
accomplie une fois de plus sous nos yeux.
Tandis que le monde accablait de ses dédains
les hommes et les femmes qu'une pitié sans
borne entrainait au service des membres les
plus misérables de l'humanité, le Christ pour
fortifier ses serviteurs dans leur dur labeur,
leur communiquait une nouvelle intelligence
des lois de la vie. Ils s'imaginaient ne travailler et ne souffrir que pour quelques créatures
déchues; mais si puissante était la bénédiction
qui accompagnait leur effort que celui-ci déter-
minait un mouvement de rénovation sociale,
morale et religieuse dont nos enfants et nos
petits enfants verront les effets libérateurs.

II

LE MAL

Parmi les œuvres déterminées par l'élan de pitié dont je viens de parler, une des plus intéressantes est celle de l'*Union Internationale des Amies de la jeune fille*. L'*Union* s'occupe des jeunes filles isolées, avant tout des servantes.

Je disais tout à l'heure la forte proportion de servantes qui échouent dans le vice. Les chiffres que je citais ne permettent aucun doute à cet égard.

Il suffit, pour trouver l'explication de ce fait, d'observer les dangers qui menacent les jeunes filles lorsqu'elles vont au loin pour y gagner leur vie.

.Le milieu dans lequel travaillent les ouvrières est souvent plus mauvais que celui dans lequel vivent les servantes ; mais l'ou-

vrière demeure, en général, à son foyer,
tandis que la servante est au service d'autrui.
Son isolement moral est parfois complet, et
nul n'ignore à quel point la solitude est mauvaise conseillère.

Le péril guette la pauvre créature avant
même qu'elle ait quitté le village. C'est un
coup de tête bien souvent qui la décide à
abandonner ses parents ; elle pense que chez
les étrangers son obéissance sera limitée aux
exigences du service, et cette obéissance-là
lui semble préférable à celle qu'on exige
d'elle au foyer. Elle est poursuivie, en outre,
par le désir de voir du pays, hantée par la
vision de la grande ville et des beaux maga-
sins, tourmentée par le besoin de s'amuser.
Chez elle, elle étouffe d'ennui.

Vous aurez beau faire, vous ne la retien-
drez pas, elle se jettera plutôt sur la première place qu'on lui propose. « Une fois
là-bas, se dit-elle, je n'aurai que l'embarras
du choix ».

Mauvais début vraiment que ce départ
précipité, sans autre renseignement que
l'adresse d' « une famille très bien » dont la
malheureuse enfant ne sait rien sauf quelques détails très confus que lui a transmis
une camarade.

Le voyage commence. La fille de la campagne est tout yeux, tout oreilles. Le spectacle
très nouveau qui attire ses regards l'enchante
et la grise ; elle répond avec empressement à
ses compagnons de route. Pour faire prompte
connaissance, rien de tel qu'un compartiment
de troisième classe. Chaque voyageur sait au
bout d'un instant d'où elle vient et où elle
va. Dieu veuille qu'il n'y ait pas là quelque
courtier du vice, sinon je crains fort que la
malheureuse n'arrive pas à destination.

On souriait, il y a quelque vingt ans, lorsque nous dénoncions la *Traite des Blanches*.
Il était entendu, une fois pour toutes, que
nous étions des utopistes, or les utopistes ne
peuvent faire autrement que d'exagérer. Actuellement, nul ne songe plus à mettre en
doute l'organisation diabolique. Les faits
divers des journaux signalent fréquemment
les exploits des trafiquants de chair humaine,
la police s'éveille de son long sommeil, parfois même elle sévit ; les philanthropes con-
voquent des congrès pour constater l'étendue
du mal et pour tenter d'y mettre un terme.

...C'est parfois un homme, plus souvent
une femme. La voix est mielleuse, les mains
chargées de bagues, la toilette tapageuse,
l'apparence louche mais la jeune fille qui

voyage pour la première fois, n'y regarde pas
de si près. Tout heureuse de rencontrer une
personne qui s'intéresse à elle, elle répond
longuement à ses questions. Dès que la tra-
fiquante a reconnu le terrain, elle tend ses
filets. « Une place de 20 francs, mon enfant,
« mais vous n'y songez pas ! Jolie, intelli-
« gente comme vous l'êtes, vous pouvez au
« jour d'aujourd'hui gagner infiniment plus...
« tenez, rien qu'à vous voir, je vous ai prise
« en affection. Je veux vous rendre un fameux
« service. Je vais précisément à Marseille
« comme vous. Nous allons faire route en-
« semble ; une fois là-bas, je vous conduirai
« dans une excellente place où vous aurez
« très peu de travail, et où vous gagnerez
« 40 francs tout de suite, 50 plus tard si on
« est content de vous. » — « 40 francs, Ma-
« dame, mais ce n'est pas possible ! » —
« Laissez-moi faire ; vous ne vous en repen-
« tirez pas... »

Et la misérable tourne et retourne si bien
la jeune fille qu'elle finit par obtenir son con-
sentement. A peine arrivées, elle la mène
dans un café borgne. La pauvre enfant lorsqu'elle comprend ce qu'on attend d'elle prend
peur ; elle crie, elle supplie. Peine perdue,
nul au dehors n'entend son cri de détresse.

Et puis elle ne connait âme qui vive ; si
même elle savait l'adresse de quelque *pays*,
pas de danger qu'elle voulût le rendre témoin
de son ignominieuse situation. Le voulût-
elle, au reste, qu'elle ne le pourrait pas. Les
lettres qu'elle lui écrirait, tout comme celles
qu'elle écrirait à ses parents, n'arriveraient
pas à destination. Je n'invente rien. Si la
police s'avisait de parler, elle pourrait en
raconter long à ce sujet, mais d'ordinaire,
à moins d'y être contrainte, elle se garde de
rien faire et de rien dire.

Cependant les flatteries alternent avec les
menaces, les distractions qui étourdissent
avec le reste. A la fin, de guerre lasse, elle
cesse de protester, le ressort de la volonté se
détend, elle tombe peu à peu à l'état de brute
humaine, puis elle devient objet de transac-
tions commerciales ; pour faire perdre ses
traces, surtout si elle est mineure, les cour-
tiers qui en trafiquent l'expédient d'une ville
dans une autre, se laissant guider, en outre,
par les besoins des diverses localités qu'ils
sont chargés d'approvisionner.

Encore une fois qu'on ne crie pas au
roman. On pourrait écrire un gros volume
bourré de faits, si l'on prenait à tâche de
dépeindre les turpitudes innombrables et

innommables qui accompagnent la *Traite des Blanches*.

Les trafiquants n'opèrent pas seulement sur les jeunes servantes qui voyagent. Parfois, dans leur audace, ils s'en vont chercher leur proie en plein village, et là, sous les yeux des parents qui n'y voient que du feu, ils offrent aux jeunes filles des places merveilleuses où l'on peut, sans se donner de mal, gagner tout l'argent que l'on veut.

Souvent le trafic revêt un caractère international. Il y a une vingtaine d'années, certains scandales ont mis en lumière le commerce considérable de jeunes filles qui se fait de Belgique en Angleterre. A la fin d'une de mes conférences dans une grande ville du centre, le Président du Tribunal s'approcha de moi : « Votre œuvre est urgente », me dit-il, et il se mit à me donner des détails précis sur le recrutement des mineures opéré dans la ville même où nous nous trouvions, pour le compte des maisons de débauche de Barcelone. En France, dès que des jeunes filles mineures sont en cause, la police a le devoir d'intervenir, en Espagne on n'y regarde pas de si près. On expédie donc dans ce pays les jeunes françaises, quitte à les rapatrier pour les vendre à Toulouse et à Bordeaux aussitôt qu'il est possible de les faire passer pour majeures.

C'est en Allemagne, peut-être, que la traite s'effectue sur la plus vaste échelle. De Hambourg on dirige les malheureuses sur l'Amérique du Sud. On fait doubler à un certain nombre le cap Horn pour les placer à Valparaiso. D'autres sont expédiées aux Etats Unis. On rencontre aussi en Italie, en Egypte, dans les ports de la Chine et jusqu'en Sibérie de pauvres enfants vendues et revendues de la sorte (1).

---

(1) Quelques personnes peu au courant de ce répugnant sujet se demanderont sans doute comment, à notre époque, dans nos pays chrétiens, monarchiques ou républicains, il peut être question de jeunes filles vendues et revendues à la façon d'esclaves. Et pourtant cette expression est strictement vraie. Dès qu'une jeune fille est tombée entre les mains des ignobles personnages dont je décris les agissements, ils lui font, sous prétexte de toilette ou d'autres dépenses, contracter des dettes de toute nature qu'ils majorent à plaisir. Elle devient ainsi leur chose, et il est entendu qu'elle le demeurera aussi longtemps qu'elle ne pourra s'acquitter de ce qu'elle doit. Si donc il plaît à un trafiquant de céder à un autre trafiquant quelqu'une de ces malheureuses, elle est bien forcée d'obéir et de se laisser traîner où l'on veut. Quant à la police, en beaucoup de pays, elle ferme les yeux ; parfois même elle tient la main à l'exécution de ce monstrueux contrat que ne reconnaîtrait aucun tribunal du monde.

« Si vous saviez les protections dont disposent les hommes

Le voyageur auquel j'emprunte ces détails ajoute : « Ce trafic considérable est parfaite- « ment organisé ; il dispose d'agents et de « voyageurs de commerce et si le Ministre « des affaires étrangères consentait à deman- « der à ses agents quelques rapports sur la « question, il lui serait facile de dresser une « statistique intéressante. (V. Joest : *Du Japon* « *en Allemagne par la Sibérie*) »(1).

Rentrons en France. Revenons à la jeune fille qui vient de quitter sa famille ; je suppose que durant son voyage elle ait échappé aux mauvaises rencontres, et qu'elle soit entrée saine et sauve dans sa place ; j'admets aussi que la famille qu'elle sert soit honnête et hu- maine — il y a encore de par le monde des familles qui prennent à cœur le bien de leurs serviteurs. Que de pièges néanmoins, que de mauvais exemples ! Que de tentations !

Qu'on songe, par exemple, à la déplorable organisation des maisons à Paris ! Dans le même immeuble logent, disons une douzaine de familles. Les unes sont sérieuses, les au-

---

« de la fange, me disait un agent de la sûreté, vous ne « seriez pas assez naïfs pour vous attaquer à eux. Quoique « vous fassiez ils vous briseront comme verre. »

(1) Je recommande à l'attention de mes lecteurs l'*Appel aux femmes* imprimé en appendice.

tres ne le sont pas, chacune fait ce qui lui convient, sans qu'il y ait le moindre rapport entre elles.

Quant aux serviteurs et aux servantes, c'est tout autre chose ; ils sont bel et bien forcés de vivre côte à côte dans les mansardes. Entre eux la promiscuité est obligatoire. Ils ne peuvent faire un pas là-haut sans se rencontrer. Comment éviteraient-ils de se saluer ? Sous peine de passer pour fiers, ils ne peuvent échapper ni aux conversations, ni aux relations quotidiennes.

Il est aisé de concevoir l'influence que ce monde des mansardes ne tarde pas à exercer sur la nouvelle venue. Ce qu'elle entend là-haut — et Dieu sait ce qu'elle y entend ! Ce qu'elle voit là-haut — et Dieu sait ce qu'elle y voit ! agit beaucoup plus sur elle que les bons conseils et les bons exemples que lui donnent ses maîtres.

Quoi d'étonnant si à Paris tant de servantes placées dans les familles les plus respectables, finissent par mal tourner ?

Quant aux autres qui ont échoué dans des maisons sans sérieux et sans tenue, inutile d'insister !

En province, le mal n'est pas aussi considérable. Et pourtant, dans chacune de nos villes, petites ou grandes, les mauvais exemples sont nombreux, et les bons sont rares.

Il n'est pas de servante qui ne réclame ses jours de sortie. Rien de plus légitime au reste. Mais ses heures de liberté, qu'en fera-t-elle? Où ira-t-elle les passer? Il faut bien qu'elle se promène. Sans doute, mais avec qui? Les fréquentations mauvaises la guettent. Il suffit d'avoir observé ce qui se passe dans nos plus modestes chefs-lieux de canton pour savoir à quoi s'en tenir à cet égard.

Le café et le cercle donnent le ton; or, au café, c'est le désœuvré qui règne. Le *propre à rien* y tranche toutes les questions du jour du haut de sa verbeuse ignorance. Puis quand on a épuisé les nouvelles politiques et déballé pour la millième fois le maigre bagage de lieux communs dont on dispose, la conversation glisse fatalement dans la grivoiserie. Il y a des hommes qui croiraient avoir perdu leur journée s'ils n'avaient trouvé le moyen de salir la réputation de quelque femme ou de dresser un piège à une jeune fille sans protection. Et lorsque celle-ci arrive, bien naïve, en droite ligne de son village, et que le dimanche, le nez au vent, elle passe et repasse sur la promenade, très fière d'y étaler sa plus belle toilette, elle ne se doute guère

des regards qui la suivent et des projets
qu'elle provoque. Pour peu que la surveillance des maîtres se relâche, quelques paroles
sont bien vite échangées, et des propos qu'elle
écoute en riant aux actes qui la compromet-
tent la distance n'est pas longue. Une fois le
premier faux pas accompli, les autres suivent
très vite.

Admettons, au contraire, que la place
qu'occupe la jeune servante, soit excellente,
que celle-ci soit entourée de sollicitude et
d'affection et qu'on la traite en membre de la
famille, hélas ! je crains fort qu'elle ne demeure
pas longtemps dans la maison que d'autres
lui envient. Le nombre des jeunes filles qui
ont le cœur assez haut placé pour apprécier
des avantages de ce genre est bien restreint.
A la première difficulté, l'amertume envahira
son cœur : « Ailleurs je gagnerais davantage !
Ailleurs je ne serais pas surveillée, Ailleurs
la besogne serait moins dure ! » Sans doute,
sans doute ! mais ailleurs, ma pauvre enfant,
on te traiterait à la façon d'une mercenaire,
tandis qu'ici on te respecte et on t'aime ! —
Rien n'y fait, une fois que l'esprit de révolte
la possède, tout ce qu'elle entend la fortifie
dans son ingratitude. Au reste, les donneurs
de mauvais conseils abondent ; les fournisseurs

s'en mêlent; et le raisonnement d'un imbécile qui parle à tort et à travers exerce sur elle plus d'influence que les paroles les plus affectueuses de ses maîtres.

Si, à cette heure, elle ne rencontre pas sur sa route quelque femme de cœur qui trouve le chemin de sa conscience, il n'est coup de tête dont la malheureuse ne soit capable.

J'ai intitulé ce chapitre *le Mal*. Le voilà le mal. Je l'ai signalé au point de départ, pendant le voyage et au point d'arrivée.

Un disciple de Jésus-Christ n'accepte pas qu'il y ait ici-bas de maux sans remède. Qui nous le fournira?

III

QUE FAIRE ?

———

Que faire? Je réponds : Défendre la jeune fille contre elle-même, et contre les influences mauvaises qui agissent sur elle.

Un effort de protection s'impose ; cet effort sera collectif ou n'aboutira pas.

Vous êtes, Madame, pleine de bonne volonté, mais vous habitez la campagne. Vous avez peu de relations avec la ville. Livrée à vos seules ressources, que pouvez-vous faire pour la jeune fille à laquelle vous vous intéressez et qui s'en va au loin pour y gagner sa vie? Rien ou presque rien.

Vous n'ignorez pas les périls de la route, mais vous ne savez à qui la recommander pendant le trajet. Vous redoutez les tentations qui l'attendent à son arrivée, mais, dans la ville qu'elle habitera, vous ne pouvez lui indi-

quer aucune amie qui la conseille. Et s'il lui
prend fantaisie de s'expatrier, c'est pis encore.
Elle vous échappe complètement.

Si, par contre, vous pouviez recourir à une
Association qui disposât de nombreuses bonnes volontés et à laquelle vous recommandiez
votre protégée, vous auriez de sérieuses chances d'aboutir.

Je viens d'indiquer en quelques mots l'idée
maîtresse de l'*Union internationale des Amies
de la jeune fille*. Les femmes de bien qui l'ont
fondée ont compris qu'il ne suffisait pas de
faire naître des dévouements isolés, mais qu'il
fallait encore les combiner en vue d'une action
commune. Elles ont donc de prime abord conçu
le plan d'une association dont tous les membres soient fortement reliés les uns aux autres
par leur groupement en *Comités locaux*; les
Comités locaux ont été placés sous la direction
de *Comités régionaux*; dans chaque pays un
Comité national a uni en un faisceau les Comités régionaux; tous les Comités nationaux
enfin communiquent entre eux par l'intermédiaire du *Comité international*.

De quoi se compose un filet? De mailles.
Isolées, les mailles ne feraient aucun ouvrage
utile. Rattachées les unes aux autres, elles
fournissent une besogne solide.

Chaque *Amie de la jeune fille* est une maille (1). Si elle fait bande à part elle se condamne à l'inaction, car ici, comme ailleurs, c'est l'union qui fait la force. L'Union internationale couvre d'un réseau tutélaire les jeunes filles qui ont besoin de protection. A mesure que les relations se multiplient entre les membres, le réseau devient plus vigoureux.

Les femmes protestantes, auxquelles s'adressent plus particulièrement ces pages, comprennent jusqu'à un certain point l'activité individuelle; elles ont de la peine, par contre, à constituer une œuvre collective; quant à les amener à reconnaître l'utilité d'un effort général auquel concourent toutes les forces vives, je sais de reste à quel point la tentative est ardue.

En Suisse, en Allemagne, en Hollande, en Angleterre et dans les pays Scandinaves, les entreprises de ce genre paraissent naturelles; chez nous, pour diverses raisons, la piété qui se cache au foyer, piété sans horizon et sans idéal, a si bien prévalu qu'on ne cesse de se

_____

(1) J'emprunte cette image à l'intéressante brochure publiée par Madame Coste *sur l'Union internationale.*

défier des méthodes plus larges qui ont fait leurs preuves ailleurs.

Pour faire toucher du doigt l'utilité de l'*Union internationale,* il me suffira de dire comment elle fonctionne dans les diverses contrées où elle a acquis son plein développement. Parmi celles-ci la Suisse qui fut le berceau de l'œuvre tient la première place. A cet égard, comme à beaucoup d'autres, l'exemple que donnent les femmes Suisses est tout simplement admirable.

L'effort pour réussir doit porter sur trois points : sur le point de départ, sur le trajet, et enfin sur le point d'arrivée.

I. — C'est au village que se recrutent la plupart des servantes; c'est au village que débute l'œuvre tutélaire.

L'*Union* cherche à se procurer dans chaque village le concours dévoué d'une ou plusieurs *amies.* Dans un petit village une *amie* suffit. Voici son rôle :

A côté de l'influence croissante qu'elle doit acquérir sur toutes les jeunes filles qui l'entourent — je reviendrai plus tard sur la question importante du patronage — elle est tenue de connaître particulièrement les jeunes filles qui pourraient être tentées ou forcées d'aller gagner leur vie au loin. C'est ces dernières qui doivent attirer avant tout sa sollicitude.

Elle doit les persuader de ne jamais se mettre en quête d'une place sans lui avoir préalablement confié leur intention. Il suffira, en général, de quelques entretiens affectueux pour empêcher la pauvre enfant de s'engager à la légère ou de commettre un malheureux coup de tête.

Une *amie* intelligente acquiert promptement l'expérience et la prudence nécessaires. Elle flaire les pièges, elle devine les places louches et lorsque les renseignements exacts lui font défaut, elle peut aisément les obtenir par le Comité local le plus proche, sinon par le Comité régional.

Une fois le départ de la jeune fille fixé, le moment est venu pour l'*amie* de dire à celle qui part bien des choses, que celle-ci n'a pas le droit d'ignorer. Ce n'est pas au fur et à mesure des péripéties de sa nouvelle existence que la servante doit être mise au courant des dangers qui la menacent. Avant son départ, il faut qu'elle soit avertie. L'*amie* l'instruira des périls du voyage, elle lui dira le silence et la réserve qu'elle doit observer. Elle lui indiquera les adresses, dont elle peut se servir durant la route; en cas d'accident, elle la renseignera sur les *Maisons hospitalières* qui l'accueilleront.

Ces renseignements, avec beaucoup d'autres, se trouvent dans le *carnet rose* que l'*amie* ne manquera pas de remettre à la jeune fille après lui en avoir bien fait comprendre l'usage. Il est bon que l'*amie* ne se sépare pas de sa protégée sans avoir obtenu de celle-ci la promesse qu'elle lui écrira, et sans lui avoir promis de lui écrire également. Les lettres de l'*amie* qui apporteront à la jeune fille le message de Dieu mélangé aux échos du pays natal, constitueront pour elle une précieuse sauvegarde.

II. — Le second point, c'est le voyage.

L'*Union* n'a rien négligé pour assurer, à la jeune fille qui voyage, aide et protection efficace, et pour lui procurer les secours matériels et moraux dont elle peut avoir besoin.

L'*Union* a fait placer dans un grand nombre de compartiments un avis qui engage les jeunes voyageuses à la prudence, et qui les avertit qu'elles trouveront sur leur route des personnes qualifiées pour les conseiller. On rencontre dans bien des gares une affiche analogue qui donne, en outre, l'adresse d'une des *amies* de la localité.

Dans nos plus grandes gares, des femmes

dévouées, munies d'un signe distinctif, re-
çoivent les servantes à l'arrivée du train et
les mettent en garde contre les personnages
louches qui tenteraient de les accoster. Au
besoin elles assurent à la voyageuse un gîte
pour la nuit.

Dans plusieurs villes ce gîte pour la nuit
est offert dans des *Home*, maisons hospitalières fondées à cet effet. Après y avoir couché
les servantes, en quête d'une place, peuvent
même y séjourner quelques jours.

A Genève, par exemple, l'*œuvre des arri-
vantes* a pris un très grand développement;
c'est par centaines que s'y chiffre chaque
année le nombre des entrées.

III. — Le lieu d'arrivée constitue le troisième point sur lequel portent les efforts de
l'association.

Il importe avant tout que l'*amie* restée au
village remette à sa protégée, au moment où
elle la quitte, l'adresse d'une autre *amie*
qu'elle puisse trouver dans la ville à laquelle
elle se rend. Il est bon qu'à peine arrivée la
jeune fille se mette en quête de la nouvelle
amie afin que l'influence de cette dernière
puisse s'exercer immédiatement sans être
contrecarrée par d'autres conseils.

Par le seul fait de cette visite la jeune

servante accomplit une démarche qui peut
avoir pour son avenir les plus heureuses
conséquences. Du coup la voici placée sous
l'action directe de l'*Union*, et appelée à bénéfi-
cier de toutes les ressources dont elle dispose.
Si l'*Union* possède un bureau de placement,
la nouvelle venue n'aura jamais besoin de
s'adresser à un de ces bureaux interlopes,
vrais coupe-gorges qui abondent dans nos
grandes villes. Si l'*Union* possède un lieu de
réunion, il deviendra le foyer de celle qui
n'en a plus, et elle pourra y nouer dans de
bonnes conditions de saines amitiés. Elle y
trouvera aussi des lectures attrayantes, parfois
de joyeuses distractions. Et lorsqu'aux heures
difficiles son isolement lui semblera difficile
à supporter, la pensée qu'elle fait partie d'une
association qui ne l'oublie pas et à laquelle
elle peut sans cesse avoir recours, réchauffera
son cœur et ranimera son courage.

Le service le plus important, toutefois, que
l'œuvre rende à la servante, c'est de lui offrir
le moyen d'entrer en relations personnelles
avec des amies qui la conseillent et qui la
consolent. La pauvre isolée a besoin d'entretiens intimes; elle a besoin de trouver une
femme au cœur de mère à laquelle confier ce
que jadis elle disait à sa propre mère. Mais

aussi quel bienfait pour elle lorsqu'elle peut
se dire : « Il y a ici, dans cette grande ville où
« je ne coudoye que des inconnus, il y a quel-
« qu'un qui m'aime, qui me regarde avec affec-
« tion et qui ne craint pas de m'embrasser ! »

L'âme humaine vit de confiance. Procurez
à cet enfant une *amie* sage, ferme et bonne,
vous verrez à quel point s'affermira, en elle,
la volonté du bien.

J'entends souvent des maîtresses déclarer
qu'elles ne toléreront jamais que leurs domestiques s'en aillent chercher auprès d'étrangères les conseils dont elles ont besoin. « Quoi
de plus intolérable, m'a-t-on dit parfois, que
les intrusions dont est coutumière l'*Union
des amies ?* » — Sans aucun doute, si cette
intervention n'est pas accompagnée de tact.
Les meilleures entreprises lorsque le tact fait
défaut, produisent de fâcheux résultats. Mais
voici la question. Que vous semble le meilleur ? Que vos servantes profitent de leurs
jours de sortie pour former, loin de vos yeux,
les relations les plus équivoques, ou qu'elles
prennent plaisir à aller voir la femme de
bien qui veut bien être leur *amie*. — Il me
semble qu'elles pourraient trouver auprès de
moi de tout aussi bons conseils... — Sans
doute, sans aucun doute. Mais vous avez

beau faire, vous demeurez pour elle la maîtresse et actuellement, c'est ainsi, la plupart
des servantes, même les plus honnêtes, refusent de faire de leur maîtresse l'amie dont
elles ont besoin.

Il y a plus, votre servante a des défauts. —
A qui le dites-vous? — Beaucoup de défauts?
— Beaucoup. — Dans ce cas, il est probable
que vous ne la garderez pas toujours? — Mais
je la renverrais demain si vous pouviez m'en
procurer une autre. — Vous en avez le droit,
seulement que fera-t-elle si vous la renvoyez?
— Ce que sa mauvaise tête l'entrainera à
faire. — Ne pourrez-vous pas, tout au moins,
obtenir qu'elle vous consulte sur la place
qu'elle prendra? — Me consulter? Certes
vous ne la connaissez pas? Il suffirait que je
lui dise : « Surtout, n'y allez pas, pour qu'elle
s'y précipite. » — Et vous nieriez encore,
Madame, l'utilité de l'œuvre des *Amies!* Ne
comprenez-vous à quel point la servante qui,
dans un coup de tête quitte une bonne place,
est exposée à commettre une grosse sottise
et à donner sans réflexion dans le premier
piège qu'on lui tendra. C'est à ce moment, à
ce moment critique qu'il faudrait pouvoir
intervenir. Ce que la maîtresse ne peut pas,
une *amie* le peut. Mais encore faut-il que

la jeune fille qu'il s'agit de protéger contre elle-même, ait déjà donné sa confiance à cette *amie*, et qu'elle soit entrée en relations suivies avec elle. Dans ce cas, à l'heure de la détresse, la jeune fille ira d'instinct auprès de celle qui peut la conseiller, et sans son approbation elle se gardera de rien décider.

Et vous interdiriez, Madame, à vos domestiques, de subir une influence qui pourra les sauver à l'heure où vous même vous ne pourrez plus rien pour elles! Croyez-moi, vous avez le cœur moins sec que vous ne l'imaginez, et la nuit qui suivra le renvoi de votre servante, vous vous direz: « C'est une bonne chose après tout que cette *Union des amies de la jeune fille*. Qui sait sans cela sur quels chemins cette petite sotte se serait égarée? Mais puisque une brave femme veille sur elle, je puis dormir tranquille. »

J'estime que beaucoup de femmes riches devraient encourager l'œuvre, ne fût-ce que pour se ménager le sommeil tranquille dont nous gratifie une bonne conscience.

Parfois, pour des raisons de toute nature il vaut mieux que la servante renonce à chercher une nouvelle place, et qu'elle reprenne courageusement le chemin de son village. Dans ce cas l'*amie* doit agir avec énergie;

elle ne doit laisser aucun repos à sa protégée jusqu'à ce que le retour soit chose résolue et exécutée. Pour plusieurs l'humiliation est grande. Il leur semble que la rentrée au foyer équivaut à l'aveu d'une défaite. Il en est qui se perdent plutôt que de se soumettre à une pareille nécessité.

Même alors le rôle de l'*amie* n'est pas terminé. Elle devient l'ange gardien qui poursuit la pauvre égarée jusqu'à ce qu'elle l'ait retrouvée et mise en sûreté.

IV

PROTECTION APPELLE PATRONAGE

———

Dans les pays où l'*Union* a prospéré, elle a élargi ses cadres. Simple œuvre de protection au début, ne visant que les servantes, elle est en train de devenir une œuvre de patronage qui concerne toutes les jeunes filles dont l'existence est faite de labeur et de tentations.

L'œuvre de protection que je viens d'esquisser appelle, en effet, *l'œuvre de patronage*. Comment distinguer au village les jeunes filles qui iront un jour en service de celles qui n'y iront pas? Comment s'occuper à la ville des servantes sans s'intéresser aux ouvrières? Il est impossible qu'une *amie* prenne sa tâche au sérieux sans nouer peu à peu des relations avec toutes les jeunes filles qui l'entourent.

Dans ce monde tout se tient. Un effort en appelle un autre. On va d'abord au plus pressé, on s'aperçoit ensuite qu'on ne peut résoudre isolément aucune difficulté et que de nouvelles entreprises s'imposent. Il y a une logique de l'action aussi bien que de la pensée.

L'œuvre de patronage se greffe donc sur l'œuvre de protection, quoique à bien des égards elle en diffère. Celle-ci, l'œuvre de protection, jette au loin son filet; celle-là, l'œuvre de patronage, est strictement locale; celle-ci ne s'occupe que des servantes; celle-là, de toutes les jeunes filles qui travaillent.

On me fera observer que dès qu'il s'agit de patronage les *Unions chrétiennes* sont tout indiquées. Je ne le crois pas. Les *Unions chrétiennes* sont organisées pour agir sur les jeunes filles pieuses ou sur celles, tout au moins, que la piété n'effraye pas.

J'admets qu'on puisse persuader à une jeune fille à laquelle la lecture de la Bible et la prière ne disent rien, de venir quelquefois à l'*Union chrétienne*. Je doute qu'on réussisse à l'y fixer.

L'*œuvre de patronage*, au contraire, doit instituer des réunions dans lesquelles les distractions saines, chants, musique, jeux

honnêtes, alternent avec des allocutions d'une
nature toute pratique ou avec des lectures
morales qui soient à la portée de tous.
L'action du patronage doit être calculée en
vue de *toutes* les jeunes filles qui ont le désir
de rester honnêtes ou de le redevenir.

J'ai habité pendant bien des années une
petite ville qui possédait une œuvre de ce
genre. Elle réunissait la grande majorité des
jeunes protestantes, soixante à soixante-dix.
Dans cette même ville une *Union chrétienne*
eût à peine groupé une dizaine d'adhérentes.

Dieu me garde de déprécier les efforts des
Unions chrétiennes. J'en connais qui font un
très bon ouvrage, mais j'estime que chaque
association est un outil. Un outil est cons-
truit en vue d'une tâche particulière. A vouloir ouvrir les *Unions chrétiennes* aux jeunes
filles sans piété, on risquerait de mondaniser
ces Unions sans atteindre le but visé.

Je suis persuadé, en outre, que les *Unions
chrétiennes* peuvent être d'une grande utilité
aux *œuvres de patronage;* il suffit pour cela
que les Unions mettent au service de ces
dernières le personnel dévoué dont elles
disposent. Que de jeunes filles pieuses qui
cherchent avec inquiétude un champ de travail! Je n'en connais pas de plus beau et qui

soit mieux à leur portée, que ces associations où les créatures les plus vaillantes sont appelées à venir au secours des plus faibles.

J'ai indiqué le caractère récréatif que doivent revêtir les réunions et j'éprouve le besoin d'insister. Je m'étonne des objections qu'on soulève. Je connais des femmes riches qui ne négligent rien pour procurer à leurs enfants des plaisirs honnêtes, mais qui froncent le sourcil dès qu'il est question d'assurer quelque distraction aux filles d'ouvriers et de paysans. La gaîté, les jeux de bon aloi, les joyeux éclats de rire ne seraient-ils par hasard légitimes que pour les jeunes filles auxquelles tout sourit, et deviendraient-ils dangereux pour celles dont la vie abonde en fatigues et en privations? « Eh quoi, me dit-on, vous souhaitez qu'on réunisse les jeunes filles afin de les amuser, sans faire ni prière, ni lecture de la Bible? — Parfaitement, Madame. — Eh bien moi, en fait de réunions de ce genre, je n'admets que celles qui constituent des exercices de piété. — Surtout pas cela, Madame, surtout pas cela! — Vraiment, vous me scandalisez. — Je me borne pourtant à vous imiter. — De quelle façon, je vous prie? — Vous aimez, Madame, que vos filles invitent de temps en temps leurs

amies? — Si je l'aime! avec le surmenage de
leurs études une détente leur est parfois bien
nécessaire! — Exigez-vous dans ce cas que
la soirée soit terminée par un culte? — Il
ne manquerait plus que cela! Voudriez-vous
donner à ces enfants le dégoût de la piété?
— Et vous, Madame, voudriez-vous à votre
tour que l'on provoquât, dans les réunions
dont je vante l'utilité, le dégoût de cette même
piété?— Ah pardon! c'est bien différent. Vos
jeunes filles ne sont que des ouvrières. Une
réunion mondaine pourrait leur faire du mal.
— Ces jeunes filles seraient-elles donc d'une
autre pâte que les vôtres? — Je ne dis pas
cela... pas tout à fait cela... Vraiment il est
bien difficile de raisonner avec un homme
qui n'a pas le sentiment des distances! —
Je commence enfin à vous comprendre, Madame, et je trouve que si quelqu'un en cette
affaire peut se scandaliser, c'est moi. A votre
idée les exercices de piété seraient donc des-
tinés à marquer les distances? Il importe,
selon vous, de faire sentir aux jeunes filles
pauvres que ce n'est pas sur le terrain de la
fraternité qu'on les réunit; et l'on recourt à
la prière et à la lecture de la Bible afin de
mieux affirmer leur infériorité sociale! Eh
bien, Madame, j'ai un trop grand respect des

choses saintes pour les faire servir à un si misérable usage. La prière imposée est toujours mauvaise; adaptée à une fin aussi inhumaine, elle devient un véritable blasphème. Et je me demande, non sans éprouver quelque indignation, ce qu'eût dit de tout cela Jésus le charpentier !

Si nos filles naissent avec un droit imprescriptible à la gaîté, à plus forte raison les filles du peuple. La souffrance ne viendra que trop tôt les marquer de son empreinte; et je dis que faire éclore quelques fleurs de joie sur le sentier de ces courageuses créatures, c'est accomplir la volonté du Père, et c'est préparer son œuvre dans les cœurs. — Mais alors pourquoi réclamer le concours de femmes et de jeunes filles pieuses? Que faut-il pour diriger ces séances amusantes, sinon quelque bonne volonté et quelque entrain? — Erreur, Madame, grave erreur! Pour créer dans ces âmes endolories et souvent obsédées par le mal un courant de gaîté bienfaisante et purifiante, il faut, au contraire, beaucoup de patience, beaucoup de savoir faire et beaucoup d'affection. Et j'estime que ces vertus là, c'est une piété vraie, large et humaine qui seule en donne le secret.....

En voilà assez, me semble-t-il, pour faire

comprendre l'importance des réunions. Mais celles-ci ne forment qu'une portion de l'œuvre. Elles groupent les jeunes filles, elles les détournent des plaisirs malsains, elles créent en elles des besoins plus élevés; ce n'est pas assez. Le patronage demeure sans résultat décisif s'il ne détermine pas des relations personnelles entre les jeunes filles et les collaboratrices de l'œuvre. En parlant des servantes j'ai déjà effleuré ce sujet, mais il n'est pas inutile que j'y revienne.

Ouvrière ou servante, peu importe. Dans le monde où l'on travaille, il n'est aucune jeune fille qui n'ait besoin d'une amie expérimentée à laquelle elle puisse tout dire. Mais lorsqu'elle l'a trouvée, elle est saisie d'une grande frayeur. Elle ne demande pas mieux que de parler et en même temps elle tremble de le faire. Vraiment ce n'est pas chose facile que de l'aider à desserrer les lèvres. On croit qu'elle va tout raconter, mais à peine a-t-elle ouvert la bouche qu'elle retombe dans son mutisme. C'est par petits morceaux qu'elle donne sa confiance; souvent on se figure la posséder tout entière, tandis que l'on continue à ignorer ce qu'il importait le plus de savoir.

Pour ouvrir ces âmes fermées à double tour que d'efforts! et lorsque les paroles

jaillissent, que de patience aussi pour écouter
ces récits sans fin, où l'on perd pied dans
des parenthèses sans nombre avant d'arriver
à l'essentiel !

Mais une fois qu'on aboutit on ne regrette
plus sa peine. J'ai connu des jeunes filles qui
retiraient un merveilleux reconfort de ces
entretiens où elles avaient peu à peu pris
l'habitude de mettre leur âme à nu. Elles
éprouvaient la joie inexprimable que ressent
la créature lorsque, arrachée à son isolement,
elle prend contact avec une autre créature.
C'est dans ces entretiens intimes que l'action
de l'*amie* acquiert toute son efficacité. Lorsque
les cœurs se cherchent, Dieu n'est pas loin ;
et Dieu se sert de l'*amie* pour parler à la
jeune fille le langage qu'elle comprend. C'est
ainsi qu'il la ramène vers lui si elle l'a fui,
et qu'il la console si le courage lui fait défaut.

Ces entretiens permettent, en outre, d'exercer de la façon la plus naturelle la discipline
sans laquelle une œuvre de ce genre ne tar-
derait pas à sombrer. Il est certain que des
« réunions où l'on s'amuse » attireront au
début des jeunes filles de toute espèce. La
corruption de quelques-unes pourrait nuire
aux autres. Les parents honnêtes s'inquiéte-

raient à bon droit, et les *amies* ne tarderaient
pas à se demander si, au lieu de faire du
bien, elles ne font pas du mal. Les allocutions et les lectures, toutes pratiques qu'elles
soient, doivent être conçues de façon à écarter
les éléments décidément réfractaires. Une parole énergique, dite à propos, peut produire
un grand effet. Les jeunes filles qui se senti-
ront reprises s'amenderont ou disparaîtront.

Mais d'autres armes seront parfois nécessaires pour réagir avec énergie contre les
mauvaises influences ; et c'est aux entretiens
intimes qu'il faudra les demander. Les jeunes
filles les mieux disposées deviendront peu à
peu pour les *amies* de très utiles collaboratrices. Très simplement et sans provoquer
la moindre dénonciation, on apprendra facilement par elles ce qui se passe dans le petit
monde sur lequel on souhaite d'agir. Et bien
souvent un mot dit en particulier pourra
couper court à des amitiés dangereuses ou
ramener une enfant en train de s'égarer.

La discipline par la persuasion est sans
contredit la meilleure, mais dans les circonstances graves je n'hésiterais pas à prononcer
une exclusion publique et fortement motivée.
Certaines fautes deviennent contagieuses si
elles ne sont pas ouvertement châtiées.

Il est sage néanmoins de ne recourir à une mesure aussi radicale qu'en parfaite connaissance de cause, et comment instruire la cause si on n'a pas gagné dans des têtes à têtes répétés la confiance des jeunes filles les plus solides?

Au besoin l'œuvre de patronage pourrait se passer de réunions récréatives; mais elle est à coup sûr condamnée à disparaître à brève échéance, si elle n'établit pas entre les *amies* et les jeunes filles dont celles-ci s'occupent les rapports intimes que je viens de décrire.

V

L'ORGANISATION DE L'UNION

J'ai dit plus haut que l'œuvre exigeait un effort collectif. En effet, les bonnes volontés isolées ne suffisent pas ; il importe encore qu'elles soient combinées. Une organisation est indispensable.

L'organisation actuelle a été créée de toutes pièces par quelques femmes de haute valeur (1). Dans certains pays, en Suisse, par exemple, et en Allemagne, elle a atteint un grand développement, tandis que dans d'autres contrées, en France en particulier, elle ne fonctionne que d'une façon rudimentaire.

Pour faire comprendre la constitution de

(1) Inutile de faire observer que l'*Union* a été fondée par des femmes pour des femmes et qu'elle n'accepte comme membre que des femmes.

l'Union, je la comparerai à une pyramide : tout en haut, au sommet, le *Comité international* (qui s'appelle modestement le *Bureau central*). Il siège à Neuchâtel, en Suisse, et forme le lien naturel entre les diverses branches de l'œuvre. C'est sous sa surveillance que s'imprime le *Journal du Bien public,* organe officiel de l'Union.

La première assise de la pyramide, au-dessous du sommet, se compose des *Comités nationaux*. On en comptait six en 1900 ; les Comités Suisse, Français, Allemand, Hollandais, Anglais, Italien. Les autres contrées possèdent des *amies,* mais celles-ci ne sont pas encore assez nombreuses pour s'organiser.

Le *Comité national français* siège à Lyon. J'espère bien qu'il continuera à résider en province. Paris constitue un monde à part, et les Comités les mieux qualifiés pour diriger les œuvres parisiennes ont de la peine à comprendre les nécessités de l'activité en province.

Les *Comités régionaux* (en Suisse on les appelle *cantonaux,* en Allemagne, *provinciaux*) forment la seconde assise. En France l'utilité de ce rouage est encore peu comprise, elle est incontestable néanmoins.

Les Comités régionaux peuvent singulièrement faciliter le travail du Comité national en lui servant d'intermédiaire dans ses relations avec les Comités locaux. Il est bon, en outre, que dans chaque contrée les Comités locaux subissent une impulsion commune.

Ce sont ces *Comités locaux* qui constituent la troisième assise de l'édifice; c'est par eux que l'œuvre prend contact avec les jeunes filles et qu'elle les entoure de sa sollicitude.

A la base de la pyramide, enfin, on rencontre les *amies isolées* qui, empêchées par la distance de faire partie d'aucun Comité local, apportent néanmoins à l'œuvre le concours de leur dévouement. A dire vrai, il y a des *amies* qui font plus dans leur solitude que certains Comités dont on publie la liste et dont on ne connaît jamais les œuvres.

Ces *amies* isolées se rattachent au Comité régional le plus voisin, sinon au Comité national, et si le pays qu'elles habitent ne possède ni l'un ni l'autre, elles relèvent directement du Comité international.

Pour être inscrite sur le rôle des *amies* la postulante doit être présentée soit au Comité local, soit au Comité national, soit, à défaut de ceux-ci, au Comité international par deux membres de l'*Union*. Certaines garanties morales sont requises. En effet, on ne doit pas procéder aux admissions à la légère. L'œuvre est tenue de se défendre contre les entreprises de personnes louches; il faut aussi éviter l'intrusion d'esprits brouillons. Les aventurières exploitent volontiers le champ de la philanthropie.

Chaque membre s'engage à verser une cotisation minimum de 2 francs pour les frais qui incombent au Comité national et au Comité international. Chaque Comité local fixe, en outre, à sa guise le chiffre de la cotisation supplémentaire que les membres verseront à la caisse locale en vue des dépenses locales.

L'organisation dont je viens d'esquisser les grandes lignes, a été combinée exclusivement pour la protection des jeunes filles qui s'en vont au loin gagner leur vie: servantes, demoiselles de magasin, ouvrières sans famille, etc. Une œuvre de cette nature ne peut se passer d'une organisation fortement centralisée qui rattache les efforts particuliers à un centre commun. L'indépendance absolue des Comités locaux serait donc une absurdité. Si on ne se résigne à travailler ensemble, on se condamne à ne rien faire. J'ai déjà insisté sur ce point, je n'y reviens pas.

Il en va, par contre, tout autrement, lors-

qu'il ne s'agit plus de l'œuvre de protection,
mais de l'œuvre de patronage. L'œuvre de
patronage est une entreprise strictement locale qui s'inspire des besoins particuliers de
la localité. Elle ne peut être dirigée utilement
que par le Comité local. En cette occasion
le Comité régional et le Comité national ne
doivent intervenir qu'à titre de conseillers
officieux.

La diversité des besoins appelle, en effet,
la diversité des moyens. A vouloir imposer à
toutes les œuvres locales d'une contrée une
direction uniforme et systématique on lasse-
rait bien vite les bonnes volontés sans résultat
favorable. Il importe donc de distinguer les
œuvres de patronage des institutions de protection. Celles-ci ne peuvent se passer d'une
impulsion unique, la pleine liberté des initia-
tives individuelles et locales est nécessaire au
succès de celles-là. Tant qu'il s'agit de mesu-
res tutélaires à prendre en faveur des jeunes
filles qui s'en vont en condition, le rôle du
Comité national est de prescrire les démar-
ches que réclament les circonstances, le
devoir des Comités locaux, d'obéir. Pour tout
le reste, au contraire, les Comités locaux
sont souverains.

Mais, tout en distinguant ce qui s'effectue

dans le domaine de la protection de ce qui s'accomplit dans celui du patronage, on aurait tort d'en faire deux entreprises absolument séparées. Les bonnes volontés n'abondent pas. Il est naturel que dans une petite localité les mêmes femmes s'occupent des servantes et des ouvrières, des jeunes filles étrangères à l'endroit et de celles qui y sont établies; il est naturel, en outre, que toutes ces jeunes filles se rencontrent dans les mêmes réunions.

Les femmes de bien qui se consacrent à ces œuvres aimeront, à leur tour, se voir de ville à ville, de province à province, afin de mettre en commun leurs expériences. Et c'est ainsi que les conférences nationales et internationales des *amies* deviendront le rendez-vous de toutes les personnes de bonne volonté, peu importe qu'elles s'occupent de patronage ou de protection.

Je vais plus loin et j'ajoute que l'*Union* me semble tout indiquée pour servir de lien entre les diverses œuvres qui ont en vue le bien de la jeune fille, et qui s'inspirent de principes communs. Il ne s'agirait, bien entendu, que d'une sorte de Fédération qui établirait des relations permanentes entre toutes les entreprises similaires.

J'insiste parce que j'estime que l'*Union* est
appelée à rendre de grands services, en France
surtout, si elle devient, à force d'abnégation
et de plasticité, le centre de cristallisation que
réclament les œuvres féminines du protestantisme et qu'elles n'ont pas encore trouvé.

L'Association catholique, fondée sur le mo-
dèle de l'*Union* et dont je parlerai plus loin,
a compris d'emblée sa mission. Elle a réussi
à constituer en quelques années *la Fédération
des œuvres catholiques en faveur de toutes
les jeunes filles et de toutes les femmes con-
damnées à gagner leur vie.* Grâce à la forme
fédérative que cette Association a eu la sa-
gesse d'adopter, chaque œuvre conserve sa
physionomie particulière et son autonomie
complète, pour puiser dans les relations ré-
gulières qui la rattachent aux entreprises du
même genre une provision d'exemples et
d'encouragements de toute nature.

Que l'*Union des amies* prenne au sein de
notre protestantisme français l'initiative d'un
groupement de ce genre, qu'elle s'applique
en même temps à rassurer les susceptibilités
que provoque notre individualisme maladif,
et je ne doute pas qu'elle ne parvienne à
accomplir dans nos Églises ce qu'une Société
sœur a fait dans la sienne.

Lorsqu'on connait quelques-uns des résul·
tats obtenus, en Suisse, par cette élite de
femmes qui composent l'*Union des amies*,
lorsqu'on a eu l'occasion de constater le poids
dont leur opinion pèse, en certaines circonstances, sur les décisions des assemblées politiques de leur pays, on ne peut s'empêcher
de souhaiter que les femmes protestantes de
France s'éveillent, à leur tour, à la conscience
de leur haute mission. Quelques-unes certes
l'ont déjà fait, mais quelques-unes ne suffisent pas, il faut que la masse s'ébranle.

VI

LES LIMITES DE L'ŒUVRE

———

Les nobles femmes qui, en 1877, ont fondé l'*Union internationale des amies de la jeune fille* étaient animées de vastes ambitions. Elles souhaitaient de prendre en main la cause de toutes les jeunes filles qui quittent leur foyer pour gagner leur vie : catholiques, protestantes, juives, peu importe. Elles faisaient également appel au concours de toutes les femmes de cœur, quelle que fût leur religion « pourvu, disait le règlement français, qu'elles acceptassent la base chrétienne de l'œuvre. »

Cette restriction excluait, à vrai dire, toute collaboratrice inféodée à la Libre-pensée, mais il suffisait de lire entre les lignes pour comprendre que les protestantes qui avaient fondé l'*Union* souhaitaient le concours de leurs sœurs catholiques.

Lorsque, quelques années plus tard, l'*Union* s'est organisée en France, j'étais le Secrétaire de la *Ligue de la Moralité publique*. Nos deux associations avaient la même origine, la *Fédération abolitionniste* avait présidé à leur naissance, les échanges de vues étaient fréquents entre nous. Je n'ai pas oublié le chagrin que je causai à quelques *amies* en leur laissant voir à quel point je désapprouvais leur tentative de neutralité confessionnelle. Mon opposition les étonna d'autant plus qu'elles savaient l'ardeur que j'avais mise à faire triompher dans la Ligue ce même principe de neutralité. Dans la Ligue nous ne connaissions, en effet, ni protestants, ni catholiques, ni libres-penseurs. « Si vous même, me disaient-elles, vous pratiquez la neutralité, pourquoi ne le ferions-nous pas? » Leur objection était spécieuse, mais elle manquait de solidité. En effet, nos deux œuvres, si semblables qu'elles fussent à certains égards, différaient du tout au tout par le but qu'elles visaient. Pour nous, nous voulions obtenir des réformes légales; il nous fallait donc mettre les électeurs de notre côté. La neutralité s'imposait. Les *amies*, par contre,

souhaitaient d'agir directement sur les jeunes
filles. L'œuvre qu'elles entendaient accomplir
supposait un effort en profondeur : il y avait
des âmes à conquérir, à relever et à guider.
Or, dans une entreprise de ce genre, la question de la méthode est capitale, et nul n'ignore
que c'est précisément sur cette question de
méthode que catholiques et protestants ne
réussissent pas à tomber d'accord. Une protestante convaincue ne peut donner des direc-
tions spirituelles à une jeune catholique sans
contredire les enseignements que celle-ci
reçoit dans son Église ; une catholique,
d'autre part, doit se sentir bien mal à son
aise, lorsqu'elle fait partie du Comité direc-
teur d'une œuvre qui place les jeunes filles
catholiques sous l'influence des femmes protestantes.

Je sais bien l'excuse à laquelle on a recours :
« Les carnets de renseignements que nous
« distribuons aux servantes, nous dit-on, don-
« nent soigneusement l'adresse des maisons
« hospitalières catholiques. Nous allons plus
« loin, ajoute-t-on, et nous exhortons les jeu-
« nes catholiques à fréquenter leur église. »

Dieu me garde de suspecter la loyauté des
femmes qui parlent ainsi ; je sais une chose
toutefois, c'est que ce système n'est tolérable

qu'à la condition d'être pratiqué de la façon
la plus superficielle. Supposez que les catholiques soient gagnées par l'affection qu'on
leur témoigne, et qu'elles insistent pour en
apprendre plus long sur une religion dont
elles n'ont jamais rien su. Que feront, je vous
le demande, les *amies protestantes?* Si elles
se taisent, elles récompenseront bien mal la
confiance avec laquelle on vient à elles. Si
elles parlent, elles enfreindront les règles
auxquelles elles ont promis de se conformer.

Je n'ignore pas qu'il est des circonstances
impérieuses dans lesquelles une *amie* doit
recueillir la jeune fille que Dieu place sur
sa route, sans lui demander son extrait de
baptême, mais je ne puis croire à une action
systématique et continue qui serait exercée
par des femmes protestantes sur des jeunes
filles catholiques et qui n'ébranlerait pas leur
foi. J'ai beau faire, il ne me semble pas possible que des femmes protestantes et catholiques puissent coopérer pacifiquement et
efficacement à une œuvre qui vise avant tout
le salut des âmes.

Je ne veux pas qu'on se méprenne sur les
sentiments qui inspirent ces observations.
J'ai en horreur l'étroitesse et l'intolérance,
j'ai toujours recherché avec le plus grand

soin des occasions de travailler avec mes
frères catholiques ; j'appartiens avec toute
l'énergie de ma pensée à ce groupe d'iréni-
ques dont il est de bon ton de sourire, et qui
se console du discrédit dont il est frappé parce
que l'avenir lui appartient (1).

Mais j'ai toujours cru qu'il y a des rap-
prochements prématurés et dangereux qui
paralysent les meilleurs efforts et qui n'en-
gendrent que des querelles ; j'évite ces rencontres parce que je suis un homme de paix
et que je veux la paix. Dès les débuts j'ai donc
été hostile à cette neutralité confessionnelle
qui possédait au sein de l'*Union des amies*
des défenseurs très convaincus et très dis-
tingués.

Les faits, au reste, se sont bientôt chargés
de démontrer la justesse de ma thèse. Il y a
cinq ans s'est fondée à Fribourg, en Suisse,
l'*Œuvre catholique internationale pour la protection des jeunes filles*. Cette œuvre, calquée

---

(1) *Irénique* signifie *pacificateur*. Un des chefs les plus
en vue de l'irénisme contemporain est le vénéré philosophe
de Genève, Ernest Naville. Le comte de Zinzendorf, fonda-
teur de l'*Église des Frères moraves*, fut un précurseur du
mouvement irénique.

En France le démon de la *polémique* possède actuellement les cœurs, mais son œuvre demeure stérile.

à bien des égards, sur celle des *Amies*, s'est rapidement développée. Elle est, selon toute probabilité, destinée à grouper avant peu dans l'enceinte de l'Eglise catholique toutes les sympathies catholiques qui jusqu'ici s'étaient, faute d'emploi, dirigées vers l'*Union*.

L'œuvre catholique internationale est, en somme, un coup droit porté au principe de la neutralité confessionnelle. Il n'y a rien là qui m'étonne ou qui m'indigne. J'avoue même que je me féliciterais de cet incident s'il ouvrait les yeux à qui de droit. Il est temps que l'*Union* en finisse avec la chimérique tentative d'une neutralité irréalisable, et que, sans la moindre étroitesse, en faisant même très large la part des exceptions, elle se décide à travailler sur le terrain très vaste que Dieu a marqué pour elle dans les limites de nos Eglises protestantes.

L'*Union* perdra peut-être en façade, elle gagnera, sans doute, en profondeur.

A ce sujet là il y aurait beaucoup à dire. Qu'on excuse ma franchise, je la dois à une œuvre qui m'est chère. Je crains que l'action des *amies* n'ait été souvent bien superficielle. On avait la mission d'atteindre des âmes, on s'est contenté de donner de haut en bas quelques conseils à des « servantes. »

Qui sait si l'idée fixe de la neutralité à tout prix qui sévit dans nos milieux protestants, n'a pas été la cause de cette activité à fleur de peau? Quelques-unes de nos femmes protestantes se sont si bien appliquées à ne jamais rien dire aux jeunes catholiques qui pût les troubler, qu'elles ont pris l'habitude d'user du même procédé, aussi inoffensif qu'inefficace, avec nos jeunes protestantes.

Et pendant ce temps le mal grandit, les tentations se multiplient et nos pauvres enfants restent grièvement blessées sur un champ de bataille où les infirmières sont aussi timides que clairsemées.

J'estime que ce n'est pas pour jouer avec les âmes mais pour les sauver, que l'*Union* a été fondée.

VII

QUELQUES RÉSULTATS

———— —

Il ne peut être question ici que de résultats tangibles. Les autres, les meilleurs ne sont connus que de Dieu. Je crois utile cependant de montrer par quelques chiffres l'étendue de l'œuvre après 25 ans d'existence.

En 1900, le nombre des *amies* s'élevait à plus de 8,000. On en comptait 1,578 en Suisse, 1,350 en France, 4,000 en Allemagne.

Ce sont sans contredit la Suisse, avec ses 11 Comités cantonaux, et l'Allemagne, avec ses 28 Comités provinciaux, les deux pays où l'*Union* semble le plus solidement assise.

Il est bien peu de contrées qui ne possèdent quelques *amies*. En feuilletant la liste que publie le *Bureau central*, j'en trouve en Australie, à Tahiti et même aux îles

Sandwich. La chaîne dont chaque anneau est formé par un cœur de femme, sera bientôt le tour du globe et le courant magnétique pourra circuler sans solution de continuité.

Lorsqu'ici bas nous tentons quelque généreux effort, les meilleurs résultats obtenus ne sont pas toujours ceux que nous prévoyions et que nous souhaitions. La formation de l'œuvre rivale dont j'ai parlé plus haut constitue un des effets les plus remarquables du mouvement de solidarité sociale déterminé par l'*Union*.

Les femmes dévouées qui ont fondé en 1897 l'*Œuvre catholique internationale pour la protection de la jeune fille*, ont déclaré avec une franchise digne de tout éloge, qu'elles empruntaient à d'autres l'idée maîtresse de leur entreprise.

Voici, en effet, ce que Mme la baronne de Montenach écrit dans la *Réforme sociale* du 1er octobre 1901 :

« Je tiens à dire que notre idée d'organi-
« sation internationale des œuvres de protec-
« tion féminine n'est pas nouvelle. Ce n'est
« pas une chimère, une pieuse utopie ; elle a
« été pratiquement réalisée, avec un grand
« succès par la *Société des amies de la jeune*
« *fille* (l'auteur eût mieux fait de conserver

« à l'œuvre le nom qu'elle s'est donné) qui,
« après 25 ans de travail, couvre les cinq
« parties du monde du réseau de ses Comités
« et qui possède en France 70 centres agis-
« sant. Je tiens à rendre hommage à des
« efforts et à des dévouements qui ont été
« les initiateurs de notre propre enthou-
« siasme. Ce même service social qu'elles
« rendent, nous voulons le rendre à des
« œuvres et à des milieux que forcément la
« *Société des amies de la jeune fille* ne saurait
« embrasser. »

Je ne sais vraiment preuve plus convain-
quante du succès de l'œuvre des *amies* que ce
témoignage. En transcrivant avec émotion
ces lignes qui font honneur à la femme qui
les a écrites et à celles qui les ont inspirées,
je songeais à la polémique mesquine qui
sévit d'habitude entre les Églises et qui, au
lieu de diminuer les distances, ne fait que
les augmenter.

La voici, par contre, la vraie lutte, la lutte
courtoise et féconde, la seule que Dieu puisse
bénir. Cette lutte stimule de part et d'autres
les bonnes volontés sans exclure ni le respect,
ni même l'admiration réciproque. Des catholiques demandant à des protestantes des
exemples en attendant de pouvoir leur en

fournir: Dieu veuille nous donner plus souvent pareil spectacle!

J'estime qu'après un si bon départ les deux
œuvres entretiendront des relations cordiales.
L'une et l'autre gagneront à le faire.

Quoi qu'il en soit le labeur de l'*Union* qui
ne fait que commencer, a déjà produit des
résultats considérables.

VIII

PAR OÙ COMMENCER?

———

Quelques conseils pratiques ne sembleront pas hors de saison aux femmes de bonne volonté qui souhaitent d'agir, mais qui ne savent par où commencer.

Vous dites : L'œuvre est bonne. J'ai pitié des jeunes filles qui, tout près de moi risquent de se perdre, mais comment m'y prendre?

Je réponds : Rien ne vous empêche de faire leur connaissance et de nouer avec elles des relations suivies. Allez les voir; persuadez-les de venir chez vous; gagnez leur confiance.

Ce premier essai vous en dira davantage sur l'importance de l'œuvre à accomplir que de longs discours. Vous comprendrez aussi que pour faire quelque chose d'utile, mieux vaut ne pas être seule, et vous chercherez des auxiliaires. « Et si toutes les femmes

« auxquelles je m'adresse me refusent leur « concours? » — Et bien, dans ce cas, vous ne vous découragerez pas, et vous irez néanmoins de l'avant. Assurément l'action isolée est difficile. N'importe, ayez le courage de surmonter toutes les difficultés plutôt que de végéter oisive au milieu de tant d'existences en péril. L'oisiveté, quels que soient les prétextes qu'on lui donne, est une forme de l'égoïsme, et l'égoïsme est la marque maudite de Caïn.

Du reste l'organisation que je viens de décrire vous permet d'échapper aux ennuis d'un isolement complet. Affiliez-vous à l'*Union* en vous mettant en rapport avec le Comité le plus rapproché. De cette façon, si tout concours immédiat vous fait défaut, vous vous sentirez, du moins, en communion d'efforts et de pensée avec une des plus nobles compagnies qui sur cette terre accomplissent l'œuvre de Dieu.

N'oubliez pas ce que je disais plus haut. Une *amie*, une seule *amie* tout isolée qu'elle soit, peut accomplir un ouvrage excellent. Que de fois n'ai-je pas observé avec admiration le bien que faisait telle femme livrée à ses seules ressources, et cela malgré des difficultés de toute nature! J'en ai connu qui

tout à Dieu,et au service de leurs semblables
avaient peu à peu acquis une bonté si rayonnante, qu'il n'y avait pas à plusieurs lieues
à la ronde d'existence en détresse qui ne
ressentit leur influence.

Je suppose, par contre, que vous réussissiez
à faire partager vos sentiments à quelques-
unes des femmes qui vous entourent, voici
du coup les rudiments d'un groupe. Avec vos
collaboratrices vous vous affiliez à l'*Union,* et
vous jetez les bases de l'œuvre de protection,
et, si possible, de patronage.

Le Comité, à peine constitué, fera bien de
dresser une liste aussi complète qu'il pourra
de toutes les jeunes filles de la localité qui
servent au loin. Cette liste fournira la matière
de l'*œuvre de protection.* Par l'intermédiaire
du *Comité régional* et du *Comité national* on
s'efforcera de savoir le milieu où se trouvent
les jeunes filles sur lesquelles l'œuvre veillera
désormais. On les recommandera aux *amies*
de la localité où elles séjournent, et on s'efforcera de les suivre.

Pour préparer la voie à l'*œuvre de patronage* il faudra relever les noms des jeunes
filles de l'endroit : ouvrières, demoiselles de
magasin, servantes. On ira les voir, on
tâchera de prendre contact avec elles. On

aboutira, à la condition de faire preuve de beaucoup de patience, de beaucoup de persé-vérance et de beaucoup de tact.

Qu'on évite comme du feu les allures de la dame patronnesse. Les *amies* doivent se présenter en *amies* et leur nom équivaut à tout un programme. Au fur et à mesure des visites on constatera les besoins et la nature des efforts à tenter. Ils varieront avec chaque localité.

IX

COMMENT ON DEVIENT UNE AMIE

J'ai décrit l'œuvre, il ne sera pas inutile de parler de l'ouvrière. Une association ne vaut que par les personnes qui la constituent. J'aimerais dire comment on devient une *amie* digne de ce nom. Il y a, en effet, *amies* et *amies*. Il y a celles qui sont venues à l'*Union* sans trop savoir pourquoi, comme à un sport religieux ou humanitaire; il y a celles qui se sont mises au travail de tout leur cœur. Celles-là même ne réussissent pas du premier coup, elles doivent affronter les ennuis d'un sérieux apprentissage.

Ce qui fait la véritable amie c'est *le sens des âmes*. La philanthropie habituelle ignore l'âme. Elle s'ingénie à nourrir et à vêtir les corps, parfois à éclairer les intelligences. L'âme lui échappe, elle ne tient pas compte de ses profonds désirs et ne sait comment les satisfaire. Or notre âme est notre vrai nous-même, elle est le ressort moteur de tout notre être. L'homme qui possède mon âme fait de moi ce qu'il veut.

L'action efficace est donc une action sur les âmes. On ne l'exerce qu'à la condition de se faire une très haute idée de l'âme humaine. Sainte Catherine de Sienne disait à un religieux: « Oh mon Père! si vous pouviez seulement contempler la beauté d'une âme en elle-même, vous donneriez votre vie cent fois s'il le fallait pour la sauver. »

Tous les héros de l'action bonne ont obtenu cette vision de l'âme « en elle-même », abstraction faite des éléments accidentels et périssables. Les hommes diffèrent par la figure, ils diffèrent aussi par les idées, mais par le fond permanent de leur être ils sont semblables. Ils communient dans les mêmes joies et dans les mêmes détresses.

Lorsqu'on possède le sens des âmes on acquiert l'intelligence de la réalité invisible, et l'on s'y absorbe si bien qu'on n'accorde au reste que l'attention strictement nécessaire. D'ordinaire nous faisons le contraire et les chrétiens qui se croient les plus avancés agissent sans cesse comme si l'âme d'une

cuisinière valait moins que celle de sa maîtresse.

La véritable *amie* se reconnaît donc à son
souci croissant des âmes. J'en ai rencontré
sur ma route que ce souci consumait. Elles
laissaient dans leur ouvrage la meilleure
partie de leurs forces, mais ce qu'elles faisaient était durable. Dieu m'a accordé un
bien grand privilège en me permettant de
vivre dans l'intimité de quelques-unes d'entre
elles. En les voyant lutter, pleurer et se
donner j'ai eu la vision du grand art. Artistes
elles l'étaient, ces nobles femmes, au sens le
plus complet du mot. La matière première
sur laquelle elles travaillaient était infiniment
précieuse, l'idéal dont la contemplation les
inspirait n'était ni plus ni moins que le
Christ, le chef radieux de l'humanité nouvelle; et c'est dans l'intimité de ce même
Christ qu'elles puisaient la force d'accomplir
un chef-d'œuvre infiniment supérieur à tous
ceux que rêvent peintres, sculpteurs et musi-
ciens, car ce chef-d'œuvre est vivant et de
plus il est immortel.

Si ce mot d'artistes vous effrayent, femmes
de cœur qui lisez ces lignes, disons plutôt
éducatrices. L'amie qui comprend sa tâche
est *une éducatrice*, mais une éducatrice dont

tout l'effort porte sur l'âme. Pour décrire
l'œuvre à faire nous nous servons couram-
ment du terme de *patronage*. Patronage,
éducation, c'est tout comme. Le devoir de
celui qui possède n'est-il pas de prendre en
main la cause de celui qui n'a rien? la mission
de celui qui sait n'est-elle pas de guider celui
qui ne sait pas? Celui qui est riche en expériences n'est-il pas tenu d'en faire part à celui
qui débute dans l'existence? Le patronage est
de tous les temps et de tous les lieux, chaque
effort pédagogique n'est pas autre chose.
Qu'on évite toutefois de prononcer ce mot
devant les jeunes filles dont on s'occupe.
Avec le vent d'anarchie qui souffle actuellement, les pauvres enfants ressentiraient ce
terme comme une offense à la liberté d'allures
qu'elles affichent. Être patronnées? jamais!

Le problème n'est pas facile à résoudre.
Comment s'y prendre pour patronner des
jeunes filles qui n'entendent pas être patronnées?

L'Evangile nous enseigne que pour aboutir,
une entreprise de ce genre doit revêtir la
forme d'un service. A vouloir patronner de
haut en bas, on ne fera rien de bon, car on
passera à côté des âmes. Pour agir utilement
il faut apprendre à *patronner en servant.*

A cet égard, je ne sais exemple plus décisif que celui du Maître, lorsqu'à la veille de quitter les siens il prit pour laver leurs pieds les dehors d'un serviteur. Afin d'agir sur tous il se fit le serviteur de tous.

Ce service est souvent dur à la chair et insupportable à l'orgueil. Pour servir il faut se mettre au niveau de ceux qu'on sert et savoir renoncer à ses aises, et à sa volonté propre.

Si une *amie,* par exemple, tient à voir régulièrement les jeunes filles dont elle s'occupe, elle est bien forcée d'accepter leurs heures, les seules dont elles disposent. Il faut que sa porte leur soit toujours ouverte, et qu'elle n'hésite pas, au besoin, à se déranger. Si elle laissait voir quelque humeur, on ne reviendrait plus.

Et surtout que l'*amie* n'oublie pas qu'il suffit parfois de quelques minutes d'entretien pour maintenir sur le droit chemin une enfant qui risque de s'égarer.

Mais ceci n'est qu'une des formes du renoncement. Il en est d'autres moins faciles. Qui dit service, dit *abaissement.* La meilleure chrétienne qui fera sentir les distances sociales compromettra les inspirations du plus pur dévouement. Ceci est un point très délicat et je souhaite de ne pas être mal compris.

J'ai horreur d'un certain égalitarisme tout de surface et de réclame car il est un mensonge. J'affirme toutefois qu'il n'y a pas moyen d'aimer son frère sans se faire son semblable, afin de partager avec lui son fardeau et aussi de le porter. Ce n'est vraiment pas à distance que nous pouvons aider notre prochain, mais en nous mettant à côté de lui, à sa hauteur ou plutôt à son niveau, épaule contre épaule.

Je n'ignore pas les répugnances que cette méthode inspire ; quelquefois je les ai moi-même partagées, car je suis un homme infirme, mais il est certain que cette manière de faire est celle de Jésus-Christ, et cela me suffit.

En outre, on réussira d'autant plus à avoir raison de la folie égalitaire qu'on fera oublier les différences et les distances. Que le contact des âmes s'établisse et tout le reste sera perdu de vue. C'est ainsi que certaines marques d'affection, un billet affectueux, un petit cadeau font parfois beaucoup plus de bien que de longs discours.

Esprit de renoncement, esprit d'abaissement, j'ajoute une inaltérable *patience*. Avant tout la patience d'écouter. J'ai parlé plus

haut de ces récits qui n'en finissent pas, car
on s'y égare en mille incidentes. Gardons-
nous de brusquer la conclusion et n'oublions
pas que celles qui s'attardent ainsi dans leurs
explications trouvent une grande jouissance
à rencontrer des cœurs compatissants pour
y déverser le leur.

Un jour mon maître vénéré, Christophe
Dieterlen, un des plus puissants médecins
des âmes que j'aie connus, rendait visite à
une pauvre femme. Celle-ci, fort émue, parla
avec une si grande volubilité que M. Dieterlen, attendu ailleurs, dut se lever sans
avoir pu placer une seule parole. « Étrange
visite, se disait-il à part lui. Quel bien ai-je
pu faire? » — Quelque temps après, il tra-
versait de nouveau le village. La pauvre
femme le vit et courut au-devant de lui. Eh,
Monsieur Dieterlen, s'écria-t-elle, quel bien
vous m'avez fait l'autre jour! jamais encore
je n'avais eu une aussi bonne visite de vous!
— Mon maître ajoutait: J'ai compris depuis
lors que lorsqu'on s'occupe des âmes la
grande affaire est de savoir écouter.

Amie et pasteur, au reste, c'est tout comme.
Le meilleur pasteur des âmes n'est, en aucune
façon, le plus éloquent, mais le plus attentif
à percevoir à travers les maladresses et les

bégayements de la pensée, les accents profonds du cœur.

Mais la patience ne suffit pas, il faut encore
la *persévérance*.

Je regrette que dans quelques contrées les
amies soient admises trop facilement. Ce n'est
pas la quantité qui importe à l'œuvre, mais la
qualité. J'ai rencontré des *amies* qui simpli-
fiaient à l'excès leur travail. Elles voulaient
bien appartenir à l'*Union*... à la condition de
n'avoir rien à faire. Lorsqu'on leur recom-
mandait une jeune fille, elles l'accueillaient
tant bien que mal, plutôt mal, puis s'en
débarrassaient le plus tôt possible en lui donnant l'adresse d'un bureau de placement. Ceci
fait, elles ne songeaient plus à elle.

Au village on disait : « Nul besoin de s'en
inquiéter. Elle est en de bonnes mains, une
amie veille sur elle. » — Et pendant ce temps
la malheureuse sans conseil et sans affection
tournait mal.

Personne n'est forcé d'entrer dans la noble
compagnie, mais lorsqu'une femme le fait il
faut qu'elle sache les responsabilités qu'elle
encourt. Non vraiment, on ne doit pas jouer
avec les âmes, car on ne se moque pas de
Dieu.

X

L'OBSTACLE

———

Le plus grand de tous provient des femmes auxquelles Dieu entend confier son œuvre et qui ne sont pas à la hauteur de leur vocation.

J'ai beaucoup voyagé à l'étranger, et c'est en comparant les femmes d'Angleterre, d'Allemagne et d'ailleurs avec nos femmes protestantes de France que j'ai compris la valeur de celles-ci. Elles sont, en général, femmes de devoir, actives, fidèles à leur mari, dévouées à leurs enfants. Mais quelle étroitesse d'horizon et souvent aussi quelle sécheresse de cœur !

Je n'ai en vue, lorsque je parle ainsi, que la femme des classes aisées, la seule à laquelle Dieu demande son temps et son argent. Si je m'avisais de caractériser les femmes qui

gagnent péniblement leur vie, je m'exprime-
rais tout autrement. C'est parmi elles, en
effet, que j'ai rencontré les plus nobles exemples d'abnégation et d'amour.

La femme à qui Dieu a donné des loisirs
et des ressources ne sait, en général, employer
utilement ni les unes, ni les autres. Les con-
venances la paralysent, les préjugés l'enchaî-
nent.

Le monde extérieur se présente à elle sous
la forme d'obligations de société auxquelles
elle ne peut se soustraire, de pièces de théâtre
— propres ou malpropres — qu'il faut avoir
vues, de romans, bons ou mauvais, qu'on ne
peut se dispenser de lire. Il ne lui viendra
jamais à l'esprit qu'au lieu d'ignorer le mal
ou de s'en amuser, elle doive aider à le combattre.

Je ne conteste nullement qu'elle ne fasse
dans son existence une petite part aux bonnes
œuvres. La mode, du reste, le veut ainsi.
Une femme qui souhaite de tenir son rang
doit faire partie de certains Comités, de ceux,
bien entendu, qui jouissent de la faveur publique. Une vente de charité constitue une
fatigue qu'elle n'a pas non plus le droit
d'esquiver. Il est de bon ton, enfin, d'avoir
quelques familles pauvres dont on s'occupe.

Il faut qu'elles soient bien dressées, ni trop importunes, ni trop indépendantes.

Mais il est bien entendu, que cette activité tout en façade, n'est légitime qu'à la condition de ne déranger ni les heures des repas, ni les rendez-vous mondains. L'exercice de la charité est réputé dangereux dès qu'il devient autre chose qu'un pur hors d'œuvre. Et surtout que la femme riche ne s'avise pas de vouloir payer de sa personne! Ses puissances de dévouement sont réputées la propriété exclusive de ses proches. Il lui est défendu de disposer en dehors des étroites limites de son foyer, des trésors de sympathie que Dieu lui a confiés. On entend que sa religion soit son ménage: le pot au feu et le coin du feu.

Et lorsqu'à force d'étouffer dans cette atmosphère aussi nuisible au cœur qu'à la pensée, elle tente de s'ouvrir une fenêtre du côté du ciel, et d'entrebâiller sa porte afin de prêter l'oreille à la plainte de l'humanité en détresse, on ne néglige rien pour lui faire honte de sa témérité. Les causes généreuses et les causes générales pour lesquelles s'enflamment les femmes dans d'autres pays, ne sont pas son affaire.

Je n'ignore pas que ce régime commence

à soulever bien des protestations, et c'est
pour en augmenter le nombre que j'écris ces
lignes (1).

On a souvent dit qu'on ne peut pas géné-
raliser sans tomber dans quelque injustice.
Je viens de décrire les femmes qui sont le
grand nombre. Mais il y en a d'autres, grâces
à Dieu. Il y a dans notre protestantisme
français des femmes riches et pieuses qui ne
jouent pas à la piété; il y en a dont l'existence
est toute consacrée au service de Dieu dans
la personne de leurs semblables. Je connais
des créatures admirables qui ont ruiné leur
santé à porter les fardeaux d'autrui. Mais
voici la question qui s'est souvent imposée à
mon attention.

Pourquoi ces femmes de tête et de cœur
qu'on ne peut connaître sans ressentir un
profond respect pour elles, possédent-elles si
peu d'influence sur la masse?

Je réponds: Si leur piété est si peu commu-
nicative, c'est, me semble-t-il, parce qu'elle
manque d'expansion et de rayonnement. Ce

---

(1) La caractéristique qui précède serait inexacte si on
l'appliquait soit à la femme protestante de Paris, soit à
celle des frontières de l'Est. Chacun sait qu'il faut chercher
ailleurs les groupements protestants les plus considérables.

n'est pas là une piété qui parle aux cœurs et qui les subjugue.

La piété huguenote est sortie toute meurtrie des tragiques aventures de jadis. Elle est pleine de droiture et d'énergie mais sans cesse portée à se replier sur elle-même. Elle est timide, et elle parait fière; elle craint les démonstrations, et on la croit dédaigneuse.

Les femmes protestantes que leur zèle entraine au service des pauvres, ont facilement le ton cassant avec leurs protégés; elles les conseillent de haut en bas, et il y a de la condescendance dans l'appui qu'elles leur prêtent. Leur charité revêt parfois des allures administratives; ce n'est plus un homme, c'est un numéro d'ordre que l'on secourt. On ne recule pas toujours devant des procédés inquisitoriaux; j'ai vu traiter le malheureux en accusé, on le sommait de s'expliquer et, par avance, sa réponse était frappée de suspicion. Le détestable préjugé bourgeois en vertu duquel le pauvre est toujours un coupable, sévissait cruellement parmi nous, il y a vingt-cinq ans. J'aimerais croire qu'il a actuellement disparu.

Je résume d'un mot les lacunes de notre piété en disant qu'elle est *une piété sans humanité*. Si précieux que soient quelques-

uns des éléments qui la composent, il en est d'essentiels qui lui font défaut.

Ceci est de plus en plus certain pour moi: le protestantisme français se renouvellera de fond en comble, sinon il périra.

Lorsqu'on s'applique à ne pas se payer de mots, on est bien forcé de constater que la piété protestante a consisté jusqu'ici en un effort de justice, de justice stricte et légale, et qu'elle a jeté ses racines dans l'Ancien Testament plutôt que dans le Nouveau. On parle sans doute beaucoup de la grâce; mais pour la majorité de nos coreligionnaires elle est une formule qui se loge dans le cerveau, elle n'est pas une réalité qui transforme le cœur.

Dieu me garde, au reste, de déprécier cette notion de la justice, car elle a fait du protestantisme la religion de la conscience. Je me borne à affirmer que si élevée qu'elle soit, elle ne constitue pas le plus haut sommet de l'Evangile.

L'Evangile intégral, *c'est la bonté, la bonté rayonnante, la bonté triomphante.* Ce n'est pas la justice qui a été crucifiée, mais la bonté. Ce n'est pas la justice qui a vaincu la mort, mais la bonté. Ce n'est pas la justice qui a revêtu la toute-puissance, ce n'est pas la justice qui vit et qui règne aux siècles des siècles, mais la bonté, uniquement la bonté.

La bonté est la réalisation de la loi; bien loin d'atténuer les revendications de la justice, elle les accueille, elle les complète et elle y satisfait. La bonté, si on le veut, c'est l'amour, mais l'amour dans toute l'énergie de son action : *Vivre en donnant la vie*. La bonté communique le sens même de l'humanité; à force d'être bons nous acquérons l'intelligence de l'homme complet.

Lorsque le protestantisme français se sera haussé à cette affirmation décisive de la bonté rayonnante, il résoudra sans peine tous les problèmes à la solution desquels il s'épuise actuellement. Ce sera aussi la fin de querelles sans grandeur et sans lendemain. Le jour où la piété intime sera devenue une piété toute palpitante d'humanité, on ne trouvera plus aucun plaisir à s'entre-déchirer; on luttera désormais à qui aimera le plus et pardonnera le mieux.

Si effrayé que je sois parfois des allures légales et de la sécheresse spirituelle de notre piété protestante, je conserve néanmoins bon espoir. J'ai la conviction que nous finirons par franchir l'étape qui, de la pratique de la justice, nous conduira à la pratique de la bonté. Je crois même que la poussée de pitié dont j'ai décrit plus haut les origines, ne sera pas étrangère à ce progrès. L'obéissance est après tout le plus sûr chemin pour avancer dans la connaissance. Il y a parmi nous un nombre croissant d'hommes et de femmes qui prennent à cœur les iniquités et les détresses qu'on ne connaissait même pas de nom il y a soixante ans. Le Dieu qui recueille la plainte du misérable récompensera ce grand effort. Que dis-je ? il en est lui-même l'inspirateur et il poursuivra son œuvre en communiquant à ses serviteurs et à ses servantes une intelligence plus complète de sa personne.

Déjà quelques-uns, pénétrant dans les bas-fonds de la misère et du vice, s'y sont sentis si près de Dieu, qu'ils ont compris que dans les cieux et sur la terre il n'y a rien de plus humain que lui. Et du même coup la piété et l'humanité leur sont apparues comme une seule et même chose. A mesure que *l'humanité de Dieu* nous deviendra plus certaine, la lumière inondera notre route. Libérés enfin de tant de douloureux liens, nous ouvrirons toute grande notre âme aux royales ambitions d'un amour dont rien ne pourra plus avoir raison.

En m'efforçant de retracer l'histoire de la

noble entreprise à laquelle j'ai consacré ces
pages, j'ai reconnu une fois de plus que
l'homme ne peut se pencher sur les sombres
abimes d'ici-bas sans y voir peu à peu se
réfléchir les clartés d'En-Haut.

APPENDICE

Le 12 décembre 1901, l'**Association pour la répression de la traite des blanches** tenait, sous la présidence de M. le sénateur Bérenger, son assemblée générale.

Madame de Schlumberger de Witt y adressait aux femmes l'admirable appel que je reproduis ici. Je la remercie de m'avoir autorisé à le faire. Sa parole vibrante arrachera peut-être à leur somnolence bien des femmes que ma prose eût laissées parfaitement indifférentes.

UN PRÉJUGÉ A COMBATTRE

APPEL AUX FEMMES

On a raconté aux belles dames (des dames paraissant si douces dans leurs dentelles et leurs fourrures), on leur a raconté les peines et les misères d'autres femmes qui sont faites de même chair et de même sang qu'elles, d'autres femmes qui sont leurs sœurs... et les belles dames ont passé.

On avait voulu arrêter ces belles dames si
douces, leur faire tourner la tête un moment
au milieu de leur vie facile et heureuse, les
obliger à contempler des dangers pressants,
à secourir des jeunes filles cruellement menacées, on avait cru faire appel à leur cœur
de femme... et les belles dames ont passé.

Avez-vous entendu ? les belles dames ont
passé, sans vouloir voir les mains tendues.
Pouvez-vous m'expliquer ce fait incompré-
hensible à mon cœur et pourtant si affreuse-
ment fréquent ? Comment se fait-il que dans
ces cœurs, si tendres en général dans leurs
affections, il y ait un endroit dur comme la
pierre ; que ces cœurs habituellement pleins
de bonté pour les pauvres et les malheureux
soient capables d'une indifférence cruelle en-
vers certains dangers et certaines souffrances
féminines ? Quelle est cette anomalie de cœurs
tendres devenant durs et de la chaude bonté
se glaçant en indifférence ?

C'est une chose étrange. Il doit y avoir là
un malentendu qu'il importe de dissiper.

Pourquoi beaucoup de femmes se figurent-
elles qu'il y a des zones dans l'amour et l'intérêt que nous devons à notre prochain ? qu'il
y a des misères qui les regardent et d'autres
qui ne les regardent pas ? que les orphelins,

les indigents, les malades ont droit à leurs
soins et à leurs préoccupations, mais que si
des jeunes filles, des femmes doivent être
préservées des dangers causés par le vice
d'autrui et doivent être secourues si elles y
succombent, cela ne les regarde plus. Je voudrais bien savoir alors qui cela regarde !

Est-ce lorsque le danger devient plus grave,
plus pressant, que vous trouvez le moment
venu pour les femmes de se retirer? Est-ce
lorsqu'il y va, non plus du froid ou de la
faim des petites filles, mais de la vie entière
morale et physique des jeunes filles et des
femmes, lorsqu'elles tombent ou vont tomber, est-ce ce moment que nous choisissons
pour dire : cela ne nous regarde plus?

Encore une fois, qui cela regarde-t-il ?

Nous sommes réunis aujourd'hui pour nous
occuper de la répression de la Traite des
Blanches, vous savez donc à quoi je fais allu-
sion et de quel genre d'œuvre je veux parler.
Une importante partie du travail adminis-
tratif, diplomatique et officiel ne peut guère
être exécutée que par les hommes dont l'âme
charitable leur a inspiré de lutter contre ce
terrible fléau, et de nous aider à protéger de
pauvres filles généralement plus innocentes
et imprudentes que mauvaises. Nous les en

remercions de toute notre âme et, en particulier notre si dévoué président, toujours prêt à se charger de nouveaux fardeaux ; mais une large part de la tâche nous revient, à commencer par celle d'y mettre tout notre cœur, notre vrai cœur aimant. Si cette tâche est déjà reconnue, je le sais, par beaucoup de personnes qui m'écoutent, il en est peut-être qui ne lui ont pas encore donné l'attention qu'elle mérite et qui n'ont pas réfléchi que si toute notre reconnaissance est due aux hommes qui ont pris en main cette lutte pour les femmes, nous ne devons pas avoir la lâcheté de leur laisser faire toute la besogne qui doit être avant tout la nôtre.

Je ne suis certes pas disposée à diminuer en rien l'utilité de toutes les innombrables œuvres charitables dont nous nous occupons et dont nous devons nous occuper; il me semble inutile d'insister sur l'importance que je leur reconnais. Ce que je demande, c'est qu'on ne dresse pas une barrière à un point fixe et qu'on ne se figure pas qu'on n'est pas tenu d'aller au delà, qu'il existe des malheurs, des dangers et des misères de femme qu'il n'est pas de notre devoir de connaître et de soulager. Lorsqu'il s'agit des femmes, il est *toujours* du devoir des femmes d'agir.

L'indifférence cruelle d'un grand nombre d'entre nous à cet égard serait monstrueuse si elle provenait d'une totale indifférence ; mais elle est le résultat d'un mélange de vertu, d'erreurs et de mollesse, et c'est cette base même que je voudrais attaquer.

La vertu, ou plutôt cette fausse idée de la vertu, qui nous l'a enseignée, qui l'a inventée ? Je voudrais ne rien dire de désobligeant à ceux qui m'écoutent, mais il faut bien que j'explique ma pensée. Qui nous a dit qu'une femme pure ne peut s'occuper en ce monde que des gens à l'abri de toute souillure ? Ce sont des hommes ! Qui nous a dit : Occupez-vous des pauvres, des orphelins, des malades, mais quant aux jeunes filles à préserver des chutes et du vice, quant à celles qui tombent, cela ne vous regarde pas. Qui nous a dit cela ? Ce sont des hommes !

Ils vous ont dit qu'une femme honnête ne doit rien connaître du domaine du vice, doit ignorer les souillures (ils n'ont pas appelé cela la misère et la souffrance, naturellement), ils vous ont dit qu'une femme était comme déflorée à leurs yeux quand elle s'occupe de ces choses, et vous les avez crus, et vous avez eu peur et vous avez fermé les yeux. Il est, certes, naturel d'accepter les opinions d'un

mari que l'on aime, mais ne sentez-vous pas
que, même dans les unions les plus étroites
et les plus tendres, et lorsque la confiance
est la plus absolue, la femme est responsable
de ses pensées, de son influence bonne, mauvaise ou indifférente, et aussi de ses actes
dans une large mesure? Si elle se convainc
que son mari est dans l'erreur, n'accomplira-
t-elle pas mieux son devoir de fidèle compagne en tâchant de l'en persuader qu'en bais-
sant la tête avec une soumission qui tient de
la mollesse et de l'indifférence?

Et si vous réfléchissez tant soit peu sérieu-
sement, pouvez-vous ne pas être frappées de
l'immense, de la fabuleuse hypocrisie (incons-
ciente, je le veux bien) de toute cette question de fausse vertu et de fausse pudeur!
Certains maris mèneront leurs femmes voir
des pièces de théâtre où la vertu est un peu...
beaucoup... extrêmement maltraitée, où les
allusions inconvenantes et les sous-entendus
plus inconvenants encore ne font pas défaut,
et cela ne les choquera pas pour vous. Ils
vous donneront à lire des livres où les pas-
sions mauvaises sont décrites avec raffine-
ment, où les préparatifs des adultères sont
mis sous vos yeux avec tous leurs détails et
souvent dans toute leur crudité, ils vous ra-

conteront les histoires galantes et les petis scandales qu'on rapporte du cercle, et après cela, après cela !... O femmes trop pures et hommes trop saints, vous n'oserez pas parler de la traite des blanches ni vous en occuper ! Oh ! vaste hypocrisie et vaste mensonge que l'humanité !

J'admets donc, en principe, que la première faute, que la manière erronée d'envisager la question, soit venue des hommes, et souvent même des meilleurs et des plus excellents. Ils ne l'ont pas fait par hypocrisie, mais enfin ils se sont trompés. Et puis après ? Croyez-vous que notre responsabilité, à nous autres femmes, soit dégagée ? Elle est un peu diminuée, voilà tout. Nous avons encore devant nous l'énorme montagne de devoirs non accomplis, de vice et de mal de tout genre que nous aurions dû travailler à diminuer et sur lesquels nous avons fermé les yeux.

Que nous reste-t-il à faire, une fois que nous avons compris que les devoirs de protection des femmes par les femmes sont des devoirs impérieux qui s'imposent à nous toutes ? Certains maris défendent à leurs femmes de s'occuper d'œuvres comme la nôtre, des œuvres qui, pour protéger les jeunes filles pauvres des dangers qui les menacent, doi-

vent vous faire connaître ces dangers. Mais
cet obstacle était-il insurmontable, et la défense était-elle bien positive ? Avez-vous
réellement fait tout ce qui était en votre
pouvoir pour démontrer l'erreur de la pudeur
mal comprise et la lâcheté des craintes exa-
gérées ? Avez-vous dit que nous n'avons pas
le droit de nous dérober à nos devoirs ? Avez-
vous démoli un . un les arguments contra-
dictoires, en y opposant le fait du devoir
enfin compris et imposé à toutes par l'amour
de nos sœurs pauvres ? Ah ! j'ai peine à croire
à une défense formelle et persistante faite par
un mari, si une femme a vraiment à cœur
l'amour de ses sœurs. Si vous n'obtenez pas,
c'est que vous ne désirez pas assez fortement,
et il ne faut plus, dans ce cas, mettre en
avant les maris, souvent plus indifférents que
convaincus.

Sans que les maris soient toujours en cause,
il y a des femmes qui ne comprennent pas
leurs obligations et qui se laissent arrêter par
de puériles objections ou par des préférences
peu justifiées. A votre demande, on répondra
tranquillement le monstrueux : « Cela ne
m'intéresse pas ». Comme si on était libre de
choisir, comme si on avait le droit, la possi-
bilité morale de ne pas s'intéresser à ses

sœurs ? Et ce seront des femmes au cœur tendre qui vous répondront cela !

Il est des cas où une éducation de la pitié et une discipline personnelle sont presque nécessaires lorsque l'amour du prochain ne suffit plus à réprimer certains dégoûts et certaines répulsions presque physiques. Je veux parler de celles d'entre nous qui acceptent la tâche (je ne regarde pas celle-là comme absolument imposée à toutes femmes) de s'occuper des pauvres femmes tombées, des vraies, non pas des jeunes filles que nous avons à protéger à propos de la Traite des blanches. Il est des cas où vous vous sentez envahie par le dégoût, et même, je suis honteuse de le dire, par le mépris de ces pauvres sœurs. Cela ne doit pas être, et la secousse morale que je me suis donnée dans ces occasions-là pour me ramener à une plus juste conception des choses, je la livre à celles d'entre vous qui pourraient en avoir besoin aussi : « La pensée de la vie passée de ces femmes vous froisse, leurs corps vous dégoûtent, vous osez vous regarder comme physiquement au-dessus d'elles ; eh bien, songez à ce que vous serez l'une et l'autre huit jours après votre enterrement respectif, non pas le jour même où le cercueil, les fleurs et les couronnes pourront faire une différence, mais huit jours après...! »

Cette perspective, je vous l'assure, a merveilleusement calmé les velléités de supériorité imaginaire et j'ai recommencé à ne voir que l'âme, la pauvre âme, à travers le corps profané.

Encore une fois, il ne s'agit pas ici d'une œuvre pour les femmes tombées, et nous ne vous demandons pas de sacrifices pénibles. Il s'agit de protéger par tous les moyens possibles les jeunes filles menacées, et aucune de nous n'a d'excuse pour ne pas s'occuper de cette œuvre-là.

Je conviens que, pour être d'un secours quelconque dans une œuvre comme la nôtre, il faut connaître le mal qui se fait et en étudier les remèdes. Mais êtes-vous si délicates, hélas ! que vous ne puissiez pas même étudier ces questions de loin pour éviter à vos pauvres sœurs de les connaître de très près ? Avez-vous peur même de *savoir* les dangers qu'elles ont à *subir ?* Ne craignez-vous pas que ceci s'appelle de l'égoïsme et de l'égoïsme bien lâche ?

Quant à la crainte que la pureté d'une femme soit diminuée en aucune manière par la connaissance de la vie et de ses tristesses, ceci me paraît un argument inventé pour les

besoins de la cause et qui ne tient pas debout:
la réelle pureté n'est pas de texture si fragile.
Considérez les femmes de votre entourage,
et dites si celles de cinquante ans ont l'âme
moins pure que celles de vingt-cinq! C'est
une affaire de *qualité d'âme* et non de connaissance de la vie.

Si vous étudiez le mal et ses conséquences
comme une distraction, il vous sera malsain,
mais si vous n'en prenez connaissance que
dans la mesure nécessaire et avec le désir
intense de le combattre, il soulèvera votre
âme comme une vague et la fera monter plus
haut. Ne craignez donc pas les éclaboussures,
elles ne peuvent vous toucher. Le mal des
autres ne devient jamais le nôtre. Pour que
nous subissions la contamination du mal, il
faut qu'il trouve en nous un terrain pro-
pice.

Si les mauvaises lectures peuvent être fu-
nestes, c'est parce que l'action de lire est une
acceptation, c'est la porte de notre âme que
nous ouvrons volontairement et certaines
fibres de nos êtres qui répondent aux sentiments dont nous lisons l'expression. Mais,
croyez-moi, les souffrances et les dangers
des pauvres jeunes filles que nous voulons
protéger ne peuvent vous faire aucun mal,

la tristesse profonde qu'elles vous causeront et la divine pitié qu'elles vous inspireront, sont des antidotes plus que suffisants. Ah ! la main ferme et courageuse tendue pour saisir une main plus faible est un pont par lequel peuvent descendre l'amour et la pitié, mais que le mal ne sait pas remonter.

Mais je crains d'avoir déjà trop abusé de votre patience, et je me résume. Je ne sais si je ne suis arrivée à vous faire partager mon intime persuasion qu'une œuvre comme celle de l'Association pour la répression de la traite des blanches est une œuvre qui doit nous peser à toutes sur le cœur. Nous devons y concourir toutes tant que nous sommes, par la seule raison que nous sommes femmes, parce que nous sommes solidaires et que nous coudoyons à chaque instant dans la vie des jeunes filles auxquelles nous devons protection. Nous devons travailler à éviter à nos sœurs pauvres les dangers et les pièges du vice, parce que toute femme pure doit éprouver comme une brûlure et un affront personnel insupportable à la pensée de la souillure involontaire d'une de ses sœurs ; parce que toute mère, dont la situation met sa fille à l'abri des tentations et du racolage, doit sentir son cœur se fondre de pitié à la pensée de toutes les pauvres petites qui sont obligées d'avancer seules dans la vie.

Nous aurons à cœur d'aider, parce que nous sommes plus à même que les meilleurs des hommes de comprendre les autres femmes et de leur faire accepter une sympathie, du désintéressement de laquelle elles ne peuvent douter; enfin, parce que nous ne voulons pas au jour où nous devrons rendre compte de nos actions et qu'il nous sera demandé : « Qu'as-tu fait pour ta sœur pauvre quand elle courait des dangers plus cruels que la mort ? » nous ne voulons pas avoir à répondre : « Dans ces cas plus cruels que la mort, j'ai cru ne pas devoir m'en occuper ! »

De W. Schlumberger.

TABLE DES MATIÈRES
